Estado, desenvolvimento e globalização

FUNDAÇÃO EDITORA DA UNESP

Presidente do Conselho Curador
Mário Sérgio Vasconcelos

Diretor-Presidente
José Castilho Marques Neto

Editor-Executivo
Jézio Hernani Bomfim Gutierre

Conselho Editorial Acadêmico
Alberto Tsuyoshi Ikeda
Áureo Busetto
Célia Aparecida Ferreira Tolentino
Eda Maria Góes
Elisabete Maniglia
Elisabeth Criscuolo Urbinati
Ildeberto Muniz de Almeida
Maria de Lourdes Ortiz Gandini Baldan
Nilson Ghirardello
Vicente Pleitez

Editores-Assistentes
Anderson Nobara
Jorge Pereira Filho

Reginaldo Carmello Correa de Moraes

Estado, desenvolvimento e globalização

© 2006 Editora Unesp

Direitos de publicação reservados à:
Fundação Editora da Unesp (FEU)
Praça da Sé, 108
01001-900 – São Paulo – SP
Tel.: (0xx11) 3242-7171
Fax: (0xx11) 3242-7172
www.editoraunesp.com.br
www.livrariaunesp.com.br
feu@editora.unesp.br

CIP – Brasil, Catalogação na fonte
Sindicato Nacional dos Editores de Livros, RJ

M823e

Moraes, Reginaldo C. de, 1950-
   Estado, desenvolvimento e globalização / Reginaldo Carmello Correa de Moraes. – São Paulo: Editora da Unesp, 2006.

   Inclui bibliografia
   ISBN 85-7139-726-0

   1. Globalização. 2. Desenvolvimento econômico. 3. Política econômica. 4. Estado. I. Título.

06.4474

CDD 337.1
CDU 339.9

Editora afiliada:

Asociación de Editoriales Universitarias de América Latina y el Caribe

Associação Brasileira de Editoras Universitárias

Sumário

Apresentação 7

Capítulo 1
Globalização: vida, paixão e morte do Estado nacional? 11

Capítulo 2
A economia do desenvolvimento nos "25 Gloriosos"
do pós-guerra 35

Capítulo 3
Teoria da modernização
Reformar países atrasados, missão recorrente dos
civilizadores 99

Bibliografia 173

Apresentação

Este livro é composto de três ensaios escritos em diferentes ocasiões, mas orientados por uma preocupação comum que se retrata no título: pensar as complexas relações estabelecidas entre o processo de globalização e as políticas de desenvolvimento, ao mesmo tempo que identifica o papel do Estado nacional como elemento decisivo nessa conexão.

Os Capítulos 1 e 2 tiveram versões preliminares publicadas em periódicos acadêmicos. O terceiro, sobre a teoria da modernização, é inédito. Todos resultam da participação do autor em um projeto coletivo de pesquisa – "Reestruturação econômica mundial e reformas liberalizantes em países em desenvolvimento" – coordenado pelo professor Sebastião Velasco e Cruz e apoiado pela Fundação de Amparo à Pesquisa do Estado de São Paulo (Fapesp). A publicação conta com o apoio do Programa de Pós-Graduação em Relações Internacionais da Unesp, Unicamp e PUC-SP.

O Capítulo 1 é a versão revista de artigo publicado em *Educação e Sociedade* (2004). A revista encomendou ao autor artigo para abrir um dossiê sobre a inserção das políticas públicas no contexto da globalização. O que se pretende, então, com o ensaio, é oferecer ao leitor um quadro das discussões sobre o fenômeno, suas origens, suas interpretações e seu impacto no tema do dossiê, isto é, demarcar a formulação e a implementação de políticas públicas nesse novo ambiente. Para isso foram confrontados argumentos apresentados em literatura selecionada, exponho uma visão sintética da constituição do capitalismo organizado (1870-1970), de sua crise de identidade (na década de 1970) e da emergência do capitalismo reorganizado pelo processo de globalização. Destaque especial se dá à globalização econômica em suas três dimensões reciprocamente condicionadas (comércio, produção e finanças). Nos três momentos estudados do capitalismo, também destaca-se o papel do Estado nacional como arena de disputa e como ator político relevante.

O Capítulo 2, publicado originalmente nos *Cadernos Cedec* (2005), examina um capítulo que parece decisivo na constituição da chamada Economia do Desenvolvimento. O autor parte da convicção de que apreender a história de uma ideia é passo importante para a aferição de suas virtualidades. Parece plausível afirmar que uma série de questões formuladas há cerca de meio século pela economia do desenvolvimento e pela teoria da "modernização" permanece relevante, contribuindo para modelar fortemente nossa compreensão dos problemas atuais no campo da economia política internacional.

Para desenvolver tal argumento, foi examinado um tópico estratégico na história da(s) teoria(s) do desenvolvimento, focalizando alguns economistas que, por intermédio de livros-texto emblemáticos, participaram da fundação desse campo subdisciplinar, entre o final da década de 1940 e o início da década de 1960. Eles são aqui tomados como exemplos, na identificação de padrões e dilemas dessas teorias, e como sinalizadores de uma incompletude disciplinar que aponta para a necessidade de constituição de um campo de estudos mais amplo, multidisciplinar, ao qual a chamada "teoria da modernização" procuraria dar resposta.

O Capítulo 3, por sua vez, volta-se para essa tentativa de economistas e de outros cientistas sociais (da antropologia, sociologia, psicologia social, ciência política), no intuito de construir modelos analíticos (com inspiração e implicação normativas muito evidentes) que enquadrassem os países do chamado Terceiro Mundo.

Se o Capítulo 2 afirma a relevância da história de uma ideia para entender suas potencialidades, talvez essa convicção encontre seu momento mais forte no exame da teoria da modernização, ou melhor, das diferentes metamorfoses pelas quais passa uma convicção reiteradas vezes expressa: os países "adiantados" e suas elites políticas e intelectuais teriam a possibilidade e a responsabilidade de conduzir ao caminho da razão e do progresso os povos "cabeçudos" do Terceiro Mundo. O Capítulo 3 aponta para um vínculo constituinte, animador, central. As diferentes maneiras pelas quais se concebe a modernização dos subdesenvolvidos (e os diferentes humores embutidos nessas visões) são correlatas de outro tipo de variação, aquela que afeta as crenças sobre a natureza e as propensões da sociedade norte-americana, geradora principal das teorias da modernização.

Destaca-se o modo pelo qual, nas últimas décadas do século XX, essa correlação reaparece nos dilemas que desafiam uma nova geração de "modernizadores", aqueles que assessoram instituições multilaterais ou *think tanks* com elas conectados. Novamente, mudanças de visão e mudanças de "humor" das teorias sobre o mundo em desenvolvimento casam-se, visivelmente, com o estado de ânimo com que os cruzados encaram sua própria sociedade, a norte-americana. É possível identificar uma primeira fase, nessa segunda geração de modernizadores, que, nos anos 1980, sobretudo, poderia ser chamada de momento Anne Krueger, por referência à economista-chefe do Banco Mundial. Nela predomina a confiança nos poderes reorganizadores da globalização e dos mercados livres. Em uma segunda fase (década de 1990), uma névoa de pessimismo e dúvida invade até mesmo os intelectuais vinculados a agências multilaterais "modernizadoras". Ela pode ser chamada de fase Stiglitz, por causa do polêmico economista-chefe e vice-presidente do Banco Mundial.

Por isso, em grande medida, esta tentativa de reconstruir os impasses da Teoria da Modernização é mais do que um ensaio de história das ideias. É também um exercício que ajuda a pensar o presente e, quem sabe, tornar menos nebulosas as escolhas do futuro.

Capítulo 1

Globalização: vida, paixão e morte do Estado nacional?

Nas últimas décadas do século XX, ora como vilão, ora como salvador, o Estado nacional foi personagem decisivo em uma fecunda literatura voltada para o fenômeno que se convencionou chamar de globalização.[1] Não se trata, apenas, de literatura propagandística e/ou apologética. Há também enredos costurados por grupos e correntes intelectuais com mais aspiração (ou pelo menos pretensão) científica. Com alguma frequência, movida pelo augúrio ou pelo alarme, essa avalanche de discursos anuncia a emergência de uma nova era ou de um novo mundo, um mundo sem fronteiras.

De fato, quando Margaret Thatcher e Ronald Reagan chegaram ao poder, em 1979 e 1980, respectivamente, a história do mundo parecia ter virado uma página. Ampliava-se significativamente o espaço político necessário para deslanchar, de vez, a

---

[1] Autores franceses geralmente preferem falar em "mundialização". Ver, por exemplo, a justificativa deste último termo no prefácio escrito por François Chesnay para a edição brasileira de seu *A mundialização do capital* (Chesnay, F. 1996, Prefácio).

transnacionalização dos negócios, em especial das finanças, e para a aplicação das reformas orientadas para o (e pelo) mercado. Tais plataformas políticas tomaram os governos dos principais países do centro capitalista, e os programas de ajuste passaram a ser receitados e impostos, na esteira da crise da dívida, aos países da periferia,[2] que não mais governavam as dívidas que haviam contraído nos feéricos mercados de eurodólares e agora eram sobregovernados por essas dívidas.

Mas, antes disso, na tumultuada década de 1970, sinais dessa mudança já eram visíveis. Tumultuada, dizemos, porque, logo nos primeiros anos daquela década, as dificuldades de financiamento dos déficits norte-americanos fizeram que se acelerasse o desmanche do chamado Sistema de Bretton Woods, o regime internacional baseado no dólar com lastro-ouro e no sistema cambial de paridades fixas. E as medidas que marcaram essa virada foram emitidas por um presidente emblemático, Richard Nixon, que simbolizaria, com seu desastrado destino, a crise de valores da nação norte-americana, além de tudo humilhada em uma guerra sem honra, no leste asiático. Em seguida, dois choques nos fornecimentos de petróleo (1973-74 e 1979-80) fariam o mundo notar que a estabilidade dos preços da energia era, ela também, algo do passado.

Dois estudos daquela década merecem ser lembrados como documentos sintomáticos. Em primeiro lugar, o relatório da Comissão Trilateral[3] denunciando a alegada ingovernabilidade das

---

[2] No período que vai da chamada "crise da dívida" até o início da década de 1990, cerca de meio milhar de programas de ajuste foram aplicados a meia centena de países.

[3] Cf. CROZIER et al., 1975. Avaliação crítica desse tema e de seu impacto pode ser lida em artigo escrito por Clauss Offe em 1979 – A "ingovernabilidade", – sobre o renascimento das teorias conservadoras da crise, reimpresso em OFFE, 1984. Informação relevante e esclarecedora sobre a Comissão Trilateral pode ser encontrada em SKLAR, 1980, e ASSMANN, 1979.

democracias, tema que pautou numerosos debates nos anos seguintes. Para esse mal, autores como Samuel Huntington, Daniel Bell, Irving Kristol e Zbignew Brzezinski enunciariam um receituário inflexível: limitar a participação popular, separar sociedade e sistema político, subtrair decisões administrativas ao controle político.[4]

Ao lado disso e, do ponto de vista ideológico, no *corner* oposto do tablado, o marxista James O'Connor publicava seu *The Fiscal Crisis of the State* [EUA: a crise fiscal do Estado] (1973). Tudo parecia indicar que a separação litigiosa entre acumulação e legitimação, dois dos componentes fundamentais do Estado capitalista, chegava a seu ponto de clímax.

Examinando o conflito capitalismo *versus* democracia, a Trilateral culpabilizava a democracia. O'Connor invertia o julgamento, mas, em certa medida, adotava os mesmos termos do dilema.

Tumultuada transição. Nixon renuncia, a potência hegemônica passa por maus momentos, o fantasma da decadência ianque parece se fazer acompanhar pela emergência de um novo ídolo, amarelo e de olhos puxados. Mas, como diria mais tarde James Buchanan, Ronald Reagan faria a América despertar desse misto de torpor e pesadelo, para sonhar, de novo, com seu manifesto destino.

Nos anos 1980, enfim, inicia-se a era da globalização reconhecida e assumida. Transnacionalização dos negócios, financeirização

---

[4] A supremacia liberal torna-se mais clara no início dos anos 1980, quando o pensamento econômico do World Bank é penetrado pela Public Choice School e pelas teorias da "rent-seeking society". No início da década de 1980, o economista-chefe do Banco Mundial, Hollis Chenery, um "desenvolvimentista" doutorado em Harvard, foi substituído, na direção do departamento de pesquisa do Banco, por Anne Krueger, liberal entusiasta, vinda da Universidade de Minesota e uma das criadoras da teoria da "rent--seeking". Para uma referência fundante da teoria da "rent-seeking", ver o importante artigo de Anne Krueger, 1974, reeditado In: BUCHANAN, J. et al., 1980. Para conhecer aplicações dessa perspectiva ao exame dos países subdesenvolvidos, ver KRUEGER, 1993.

da riqueza, reformas estruturais que pretendem retirar do Estado o papel de coordenador dos fatos sociais e atribuí-lo aos "mercados" – o que está por detrás ou debaixo desses fenômenos? Quais são os desenvolvimentos estruturais de longo prazo que subjazem a tais mudanças? Quais os principais vetores que determinam e explicam essas transformações? O que fizera possível aquilo que já se chamou de capitalismo *organizado*?[5] Como ele deu lugar, no final do século, a um capitalismo *reorganizado* e não *desorganizado*?

1.2 O "capitalismo organizado"

A trajetória que resulta na cristalização e no desmanche do capitalismo organizado tem uma primeira fase que se desdobra, com oscilações, entre fins do século XIX e algo em torno de 1970. Um subperíodo relevante é o que vai de 1945 a 1970 – os "25 Gloriosos" ou "Idade de Ouro" do capital. Depois desse interregno, abre-se uma segunda fase, a do capitalismo reorganizado, que cobre as últimas décadas do século XX.

---

[5] Trata-se daquilo que, nos pós-guerra, se encontrará nomeado de outra forma: a passagem do *laissez-faire* ao "embedded liberalism". A expressão é de John G. Ruggie, no conhecido artigo "International regimes: transactions and change: embedded liberalism in the postwar economic order". In: KRASNER, 1983. O autor voltou ao tema em "Embedded liberalism revisited: institutions and progress in international economic relations". In: ADLER; CRAWFORD, 1991. O mais bem-sucedido manual acadêmico de nossos tempos, a *Introdução à análise econômica*, de Paul Samuelson, pode ser considerado a Bíblia da "economia mista", outra denominação celebrizada para caracterizar as sociedades reconstruídas do pós-guerra. Ernest Mandel preferia o termo "neocapitalismo". Ver *Ensayos sobre el neocapitalismo* (MANDEL, 1969).

Podemos distinguir três grandes vetores decisivos para explicar a constituição do capitalismo organizado para depois examinar sua crise e sua reorganização neoliberal.[6]
O *primeiro vetor* é o crescimento do tamanho do Estado. Tamanho que pode ser medido, pelo menos, por dois grandes indicadores:

1. Um deles é a participação crescente de rendas e compras do Estado, ou de tributos e taxas, como proporção dos produtos nacionais brutos. Ao longo do século XX, na maior parte dos países do Ocidente capitalista, essa participação salta dos dois dígitos, 3 a 5%, para perto de 30, 40 até 50% do PIB, ao longo do século XX. Variante dessa medida é a importância do setor público na formação de capital e na modelagem do mundo produtivo de ponta.[7]
2. Outra medida desse crescimento é o tamanho das regulações impostas pelo espaço público, pela autoridade política, às iniciativas privadas: legislações social, trabalhista, ambiental, políticas de desenvolvimento, de administração monetária e cambial, alfandegária etc. Todas elas supõem – e ao mesmo tempo constroem – os Estados nacionais modernos e suas jurisdições. Mediante tais regulações, foi possível aos Estados capitalistas, sobretudo no pós-guerra, conciliar estabilidade política e mudanças profundas no mundo produtivo, mudanças que tinham impactos na

---

[6] Os "25 gloriosos" e sua crise podem ser vistos por meio de alguns estudos exemplares: SHONFIELD, 1965. GOLDTHORPE, 1984, BERGER, 1981. Analogamente, o movimento que se seguiu a essa fase pode ser visto em duas grandes coletâneas: KITSCHELT et al., 1999, e HOLLINGSWORTH e BOYER, 1997.

[7] Ver, por exemplo, o estudo de J. K. Galbraith sobre *O novo Estado industrial* (GALBRAITH, 1984).

distribuição de renda e na riqueza. Para essa combinação de estabilidade e crescimento, legitimação e acumulação, foi decisiva a existência de consistentes Estados nacionais e de mecanismos de compensações para perdedores, por meio de transferências negociadas, concertações e pactos sociais.

O *segundo vetor* refere-se às mutações na *natureza* do Estado ou, pelo menos, *forma das instituições* políticas pelas quais se manifestam (revelam) e se formam (transformam) as vontades e preferências dos cidadãos. Nos mecanismos de agregação e modelagem de vontades e preferências, são incluídos, paulatinamente, canais outros que não aqueles da democracia representativa, isto é, da eleição de representantes legislativos e executivos. O crescimento do tamanho do Estado – e de sua interferência no mundo dos negócios e na vida social, em geral – foi quase inevitavelmente acompanhado da transformação da máquina institucional incumbida de detalhar essa intervenção, de executá-la e de administrá-la cotidianamente. Organismos corporativos e grupos de interesse ganharam *status* de organizações públicas ou parapúblicas, participando da formulação e da implementação de políticas, ao lado dos parlamentos e da administração executiva.[8] Alguns autores chegam a identificar essa mutação como um dos traços distintivos do movimento que chamam "modernização":

> especialmente na Europa e nos Estados Unidos, a partir de fins da década de 1920, a importância relativa de tais partidos ou das legislaturas nas quais predominavam se tornou menor, de certa

---

[8] Estudos conhecidos a esse respeito: Offe, 1992; 1989; 1984. Tomo a liberdade de remeter, ainda, a meu artigo "Esfera pública e interesses privados, nota sobre o Estado, o mercado e as corporações", MORAES, 1999.

forma, dando origem, de uma parte, a grupos de interesses mais amplos e completamente organizados e, de outra, à crescente importância dos setores executivos e administrativos do Governo e principalmente à administração burocrática em grande escala. (Eisenstadt, 1969, p.17)

Esses dois vetores dizem respeito a mutações de longo prazo no tamanho do Estado, em sua forma, no modo de organização da autoridade pública.

O *terceiro vetor*, por sua vez, diz respeito às motivações, causas ou *fatores dessa mutação*.

Alguns analistas relacionam essa mutação do Estado às transformações ocorridas no tamanho e na forma dos agentes econômicos. Transformações nas empresas, especificamente, ou na estrutura do mercado, da concorrência e da produção. Essas mudanças aceleraram-se desde o final do século XIX. Referem-se ao surgimento do capitalismo das grandes corporações, do mundo dos grandes negócios e grandes lucros (e também dos grandes riscos e grandes bancarrotas) e do paulatino predomínio do capital financeiro. Trata-se da constituição de empreendimentos capitalistas (privados) que dependem de insumos de natureza estratégica, como a pesquisa, o planejamento e a tecnoburocracia — elementos que transcendem o empresário individual e os modelos da chamada livre competição.

Mas devemos sublinhar outro elemento explicativo para esse crescimento do Estado – em particular para entender o desenvolvimento de legislação regulatória e de políticas sociais. Os liberais do século XIX viram esse movimento com preocupação e temor. Referimo-nos à inclusão das massas assalariadas nos sistemas políticos nacionais, pelo voto e por movimentos de identidade coletiva e de organização de interesses (sindicatos, centrais etc.). Paulatinamente, as massas assalariadas conquistam participação no espaço público, no espaço de deliberações, no interior de Estados nacionais, pelo sufrágio e também pelo reconhecimento de movimentos sociais de variados tipos (incluindo as centrais sindicais). Conquistam, assim, o papel de interlocutores para definição de políticas nacionais.

Esses três vetores deram forma ao período que vai sobretudo das últimas décadas do século XIX até mais ou menos 1970, isto é, até o final daquilo que se chamou "25 Gloriosos" do pós--guerra. Particular destaque se deve dar a este último período, a Idade de Outro do capital.

1.3 Os "25 Gloriosos" do pós-guerra

Esse é o período em que se "reconstrói" o mundo, sob a hegemonia norte-americana e sob as regras firmadas em Bretton Woods, regras que previam um grau de insulação econômica suficiente para permitir políticas fiscais e monetárias razoavelmente efetivas (operantes) no interior das fronteiras nacionais.

Os principais traços do período podem ser assim enumerados:

1. Crescimento econômico rápido em número muito grande de países do centro e da periferia do sistema.
2. Expansão do *welfare state*, ainda que em diferentes modelos e com desiguais graus de cobertura.[9]
3. Sistemas de representação (partidário-eleitorais) razoavelmente estáveis ou definidos, baseados em alinhamentos ideológicos, religiosos ou de classe.

---

[9] A era da "cidadania social", encarnada, ideologicamente, em autores como Richard Titmus e T. H. Marshall.

4. Sistemas de relações de trabalho altamente institucionalizados.

5. Sistema de relações internacionais estável e razoavelmente previsível, ainda que tenso (em alguns momentos, previsível porque tenso).

Esse mundo era razoavelmente "keynesiano", se por isso entendemos a "filosofia social" que o famoso economista John Maynard Keynes resumiu no último capítulo de sua *Teoria geral*, de 1936 (Keynes, 1983). Parece que, no início da década de 1970, Nixon teria pronunciado a frase "agora somos todos keynesianos". Nada original, se nós soubéssemos ler o que dizia, já em 1938, o notável programa desenhado por Harold MacMillan para o Partido Conservador britânico, a mesma agremiação que – ora, vejam! – seria sacudida, décadas depois, pelo ultraliberalismo "tatcheriano". MacMillan não relutava em registrar:

> fui levado a concluir que, tanto quanto podemos prever, é possível e desejável encontrar uma solução para nossas dificuldades econômicas dentro de um sistema misto que combine propriedade estatal, regulação ou controle de certos aspectos da atividade econômica com o empenho e a iniciativa da empresa privada, naqueles terrenos em que ela se dá bem... (MacMillan, 1938, apud Buck, 1975, p.150)

Todos sabemos que, no fim da Segunda Guerra Mundial, representantes das potências aliadas, vencedoras, reuniram-se em Bretton Woods para discutir a reordenação do mundo. De lá saíram instituições marcantes para a reconstrução da ordem capitalista: o Banco Mundial, o Fundo Monetário Internacional (FMI), e um pouco depois o Acordo Geral sobre Tarifas e Comércio

(GATT), do qual derivaria, mais tarde ainda, a Organização Mundial do Comércio (OMC).[10]

O que representava o compromisso firmado em Bretton Woods? Ele tornava viável a expansão da livre troca de mercadorias, inserida em um sistema monetário internacional estável. Mas, ao mesmo tempo, isso é importante, garantia cláusulas de escape e relativa autonomia para que os Estados nacionais se protegessem, e protegessem as coalizões sociais internas, diante dos movimentos de capitais, eventualmente perturbadores, destrutivos da ordem econômica e social doméstica. Os Estados nacionais reservavam-se, assim, alguns instrumentos para gerenciar ciclos de expansão e crise, para deflagrar programas econômicos e sociais que evitassem polarizações políticas instabilizantes. Segundo essa lógica, a inserção internacional não deveria comprometer a integração/articulação no plano dos Estados nacionais. A isso se deu, com certa justiça, o nome de consenso keynesiano, porque em grande medida se identificava com a visão de mundo de Keynes: um mundo de iniciativas privadas, preservado em suas alegadas virtudes criadoras, mas regulado pela autoridade política para, assim, evitar eventuais resultados globais perversos, inconsistentes, destrutivos.[11]

Os controles sobre movimentos de capitais eram muitos, nas economias da Organização para a Cooperação e Desenvolvimento Econômico (OECD), mas podem ser resumidos nos seguintes tipos de restrição:

---

[10] Sobre esses eventos e instituições, o leitor encontrará proveitosa informação e análise em BLOCK, 1980, HELLEINER, 1994, e EICHENGREEN, 2000.

[11] Como dissemos, uma síntese dessa visão de Keynes pode ser encontrada no capítulo final da *Teoria geral*, de 1936. Também muito útil é seu artigo National self-sufficiency. In: *The new statesman and nation*, 1933, e reimpresso em Keynes, 1982, v.XXI.

1. Limites para a posse e a disponibilidade de moeda estrangeira.
2. Restrições quantitativas – limites sobre ativos externos e posições assumidas (dívidas, compromissos) no exterior, por parte de instituições financeiras nacionais.
3. No plano doméstico, limites sobre operações de bancos estrangeiros.
4. Limites quanto a ativos estrangeiros em portifólio (indivíduos ou firmas) e investimentos diretos.
5. Sistemas de taxas de câmbio múltiplas (distintas taxas para operações comerciais e financeiras, por exemplo).

Costuma-se datar a crise ou o desmantelamento das instituições de Bretton Woods e do consenso keynesiano no início da década de 1970. Mas é importante lembrar que essa crise não é apenas quebra, ruptura, muito menos fracasso. Em boa medida é resultado, também, do *sucesso* do modelo de acumulação precedente. Mas... por quê? De que sucesso, afinal, estamos falando?

1.4 Três eixos da globalização econômica: comércio, produção, finanças

O pós-guerra viu um enorme crescimento do comércio internacional,[12] mas viu também um fenômeno ainda mais relevante, o crescimento dos investimentos diretos estrangeiros, e com um traço muito peculiar: a implantação de filiais de grandes

---

[12] Esse período registra crescimento sem precedentes do comércio internacional – considerada uma proporção da produção total, ele passa dos 8% da produção mundial, na véspera da Primeira Guerra Mundial, para algo perto de 20%, no final do século XX.

empresas – empresas manufatureiras – em países diferentes de sua nação de origem. As transnacionais norte-americanas têm, nesse quadro, importância incomparável, determinante:

> enquanto indústrias sediadas na América do Norte encontravam relativa dificuldade em tirar plena vantagem do crescente mercado euro-ocidental, em virtude da tácita aprovação norte-americana para medidas de protecionismo europeu, as corporações orientadas para o exterior estavam progredindo. Porque, se havia restrições à entrada de bens norte-americanos na Europa Ocidental, não havia quase nenhuma com relação a capitais norte-americanos. O investimento estadunidense na Europa Ocidental cresceu de US$ 1,7 bilhão em 1950 para US$ 16,2 bilhões em 1966 e US$ 30,7 bilhões em 1972. Enquanto isso, investimentos em portifólio de longo prazo (i.e., ações e títulos) de investidores norte-americanos na Europa Ocidental passaram de US$ 1,3 bilhão para US$ 4,5 bilhões e US$ 5,9 bilhões, e o investimento de curto prazo, de US$ 0,4 bilhão para US$ 2,6 bilhões e US$ 5,3 bilhões. (Frieden, 1980, p.62)

A síntese de Robert Gilpin é esclarecedora:

> No princípio da década de 1970, os Estados Unidos haviam-se tornado mais um investidor no exterior do que um exportador de produtos fabricados no país. A produção internacional pelas empresas multinacionais norte-americanas tinha superado o comércio como principal componente do intercâmbio econômico do país com o resto do mundo. A produção no exterior pelas filiais das empresas norte-americanas chegava a quase quatro vezes o valor das exportações. Além disso, uma proporção substancial das exportações norte-americanas de produtos manufaturados representava de fato transferências de um ramo de

multinacional localizado nos Estados Unidos para outro situado fora do país. (p.265)

Gilpin lembra, ainda, que, em 1969, as multinacionais norte-americanas produziam mais do que qualquer economia nacional, à exceção da dos Estados Unidos e da União Soviética. Muitas das maiores empresas dos Estados Unidos tinham mais da metade de seu capital no exterior, e mais da metade de seus rendimentos totais provinha do exterior. Elas eram, digamos, a "terceira nação" do planeta.[13]

Essas transnacionais eram, portanto, em primeiro lugar, usinas de geração de produtos *in loco*, substituindo, em certa medida, a venda para o exterior. Permitiam contornar, nos países em que se instalavam, problemas nas balanças de pagamentos, provisão de divisas para importações, impedimentos protecionistas, alfandegários, por exemplo. São soluções, nesse sentido. Mas, como todas as soluções, envolvem, cedo ou tarde, problemas de natureza superior.

Segundo os dados reunidos pelas publicações da Conferência das Nações Unidas sobre Comércio e Desenvolvimento (Unctad), o investimento direto estrangeiro atingiu, em 2000, montante três vezes maior do que era em 1985. Haveria cerca de 60 mil empresas multinacionais, com mais de 800 mil subsidiárias no exterior. Isso tem um notável efeito sobre o *volume* do comércio, mas também sobre sua *natureza*. Desse modo, estima-se atualmente que cerca de um terço do comércio mundial seja comércio intrafirma, comércio administrado, uma "troca" que se processa entre ramos

---

[13] Essas observações de Gilpin, no livro de 1987, reproduzem, quase que literalmente, aquelas registradas por Harry Magdoff, em 1969, em seu *A era do imperialismo* (MAGDOFF, 1978, p.62 e 64).

ou unidades de empresas multinacionais.[14] A mutação no mundo produtivo não transforma apenas o comércio, ela afeta a organização das finanças, como veremos a seguir.

As empresas transnacionais são, de partida, usinas de produtos manufaturados. Mas não apenas. Os oligopólios verticalizados e multidivisionais de forte base nacional (e industrial) transformaram-se em empresas multinacionais também verticalizadas. No plano internacional, não somente replicando, em outras praças, as plantas que haviam estabelecido na matriz, mas construindo um sistema verticalmente integrado de produção, com uma complexa divisão de trabalho no interior do grupo. Mais do que isso: um sistema de gestão de riqueza efetivamente global e cada vez mais liquido, no limite do volátil, que integra grupos financeiros globais, conglomerados globais.[15]

Nesse passado recente, porém, é necessário reconstruir ainda um passo. As empresas que se instalam no Terceiro Mundo – ou no Primeiro, como as multinacionais ianques que se firmam na Europa – são também, e isso é decisivo, usinas de rendimentos de vários tipos: lucros realizados (e a remeter para a matriz), pagamentos de *royalties*, licenças, patentes, juros de empréstimos etc. Trata-se de enorme massa de recursos que precisa ser processada pelo sistema financeiro e bancário. Ela tem de ser repatriada, tem

---

[14] Gilpin registra, por exemplo, que, já no final dos anos 1970, o comércio intrafirma era responsável por cerca de 60% das importações norte-americanas (GILPIN, 2002, p. 281).

[15] Há estudos pioneiros sobre as transnacionais. É conhecido o livro de Richard Barnet e Ronald Muller: *Global reach*: the power of the multinational corporations (Barnet; Muller, 1974). São também conhecidas as pesquisas de Raimond Vernon, como *Sovereignty at bay*: the multinational spread of U.S. enterprises (VERNON, 1971). Em outro tipo de enfoque, voltado mais para esse ângulo que conecta o comércio internacional com a organização industrial baseada na integração vertical, ver as indicações de Paul Krugman e Maruice Obstfeld 2001, cap. 7).

de ser paga aos titulares das empresas, mas tem, ainda, de ser reaplicada. Esse é um dos elementos formadores de um mercado financeiro e bancário paralelo, como o dos eurodólares e dos petrodólares da década de 1960.[16] Um *euromarket*, paralelo, *offshore*, porque não cabia no mercado bancário (ou financeiro) regulado de Bretton Woods e dos Estados nacionais que assinavam e davam apoio ao acordo, incluindo a legislação bancária norte-americana.

Jeff Frieden (Frieden, 1980), sintetiza, no Quadro 1.1, a internacionalização dos bancos e das finanças norte-americanos:

Quadro 1.1 Atividades internacionais de bancos comerciais norte-americanos
Anos selecionados
(Valores em bilhões de dólares)

	1960	1970	1974
Número de bancos norte-americanos com filiais no exterior	8	79	129
Número de filiais no exterior	131	536	737
Ativos (bilhões de dólares) das filiais de ultramar	3,5	52,6	155
Ativos no exterior como porcentual do total de ativos	3,0	10,9	17,7

Fonte: BACKMAN, J.; BLOCH, E. (Eds.). *Multinational corporations, trade, and the dollar*. Nova York, 1974. p.4; e ALIBER, Robert Z. International banking: growth and regulation. *Columbia Journal of World Business*, inverno 1975.

---

[16] O mercado de eurodólares, que se transforma em algo relevante já nos anos 1960, é um rio com vários afluentes formadores. Esses valores associados

1.5 Etapas e resultados do desmanche

O conflito entre as instituições reguladoras fundadas em Bretton Woods e as necessidades de expansão do grande capital transnacional atravessa diferentes etapas e formas de manifestação.

Na década de 1960, o capital transnacional começa a *reclamar* das regulações nacionais, o que é um estágio primitivo desse conflito. Primeiro estágio, e relativamente primitivo, porque implicitamente reconhece a legitimidade da ordem vigente, pretendendo retocá-la.

O *segundo estágio* é aquele em que se para de reconhecer essa legitimidade, mas ainda em silêncio: o capital procura e encontra canais para *contornar as regulações*, por intermédio de medidas micro (superfaturamentos e outras operações de contabilidade criativa) ou de medidas macro (a geração de um mercado financeiro *offshore*). Trata-se de "lubrificar a máquina", de modo lícito ou ilícito – ou de modo que maquie como lícito aquilo que os hospedeiros insistem em rejeitar. Não por acaso, conseguir certos resultados mediante propina é algo que o vulgo chama de "engraxar" ou de "molhar a mão" do agente estatal.

O *terceiro estágio* do conflito entre o capital transnacional e as regulações nacionais é o ataque frontal, a guerra franca. Ataque às regulações nacionais no plano da produção e do comércio: legislação trabalhista, privatização de entes estatais, liberalizações comercial, alfandegária, ambiental etc. Ataque no plano das finanças: desregulamentação dos sistemas financeiros nacionais, a começar pelos sistemas bancários inglês e norte-americano, e desregulamentação

---

às transnacionais são um deles. Outro é o montante de recursos que o bloco soviético precisava manter em bancos do Ocidente, com denominação em dólares, mas não em bancos dos Estados Unidos. Um terceiro – daí o termo petrodólares – é o estrondoso resultado financeiro das companhias e países do petróleo.

ou integração mundial. A essa avalanche de reformas orientadas pelo e para o mercado, que marca as duas últimas décadas do século XX, costuma-se chamar globalização neoliberal.

A desregulamentação das finanças adquire particular importância – talvez não haja campo mais próprio para falarmos de globalização ou mundialização do que esse. A liberalização dos fluxos e a "desregulamentação" fazem que o giro *diário* de operações nos mercados internacionais de câmbio e valores supere os 1,2 trilhão de dólares.

Os controles sobre movimentos de capitais foram significativamente reduzidos já durante os anos 1970. Apesar – ou por causa – das regulações nacionais, cresciam os mercados bancários *offshore*. O desmanche dos controles foi implacável, entre 1974 e 1979, nos Estados Unidos, no Canadá, na Holanda, na Alemanha e no Japão. Em 1980, na França e na Itália.

Na década de 1990, já podemos ver, a olho nu, as evidências de mudanças fundamentais interconectadas:

- Internacionalização de mercados para bens e finanças (especialmente moedas).
- Relativo declínio da produção industrial e ascensão do setor de serviços.
- A passagem do fordismo para a chamada "especialização flexível".
- O fim do "sistema de Bretton Woods" e dois reveladores "choques do petróleo" (1973-74 e 1979-80).

Comparemos com o quadro anterior, aqueles que sumariamos para falar dos "25 Gloriosos". Agora temos:

1. Crescimento econômico lento, mais desigual e mais "ciclotímico".

2. Cortes no "*welfare state*".[17]
3. As instituições políticas nacionais parecem tornar-se cada vez mais ineficazes, pesadas – o poder de fogo do Estado nacional parece definhar.
4. Nesses Estados, os partidos políticos construídos com base em ideologias e programas perdem espaço para outras formas de organização e ação política (pontuais, setoriais) ou, quando e onde sobrevivem, esses partidos (e os governos que eles constituem) são dirigidos por resultados estritos e pasteurizados, por um pragmatismo que se molda pelas preferências do eleitor médio, este também rigidamente orientado por resultados de curto prazo; sistemas de relações de trabalho pulverizadas e flexibilizadas. Detalhe: a força de trabalho é cada vez mais heterogênea (com o aumento porcentual e estratégico de mulheres, de empregados de "colarinho branco", de novas profissões, sobretudo quadros técnicos de nível médio etc.). Parece cada vez mais difícil unificar esses diferentes segmentos, sob negociações salariais abrangentes, englobantes. Declinam e quase desaparecem antigos laços e identidades, o que torna cada vez menor a possibilidade de o "proletariado" agir como entidade política, coesa.
5. Vale ressaltar que a globalização altera também a correlação de forças capital-trabalho. O capital: móvel, líquido, fluido, volátil. O trabalho: lento, preso e represado.
6. Sistema de relações internacionais instável, ainda que não mais bipolarizado.[18]

---

[17] Os ícones de Tittmuss e T. H. Marshall dão lugar ao discurso ultraconservador de Charles Murray (MURRAY, 1984) e Nathan Glazer (GLAZER, 1988).

[18] "... with the end of the Cold War and the stability inherent in the superpower rivalry, the misseiness of world and domestic affairs has led to pervasive uncertainties" (ROSENAU, 2003, p.71).

7. Ganham corpo novas configurações ideológicas, nesse quadro de eventos: a) as ideias neoliberais (privatizar, desregular, cortar orçamentos etc.); e b) projetos de integração regional (União Europeia, Nafta, Mercosul etc.).

1.6 A globalização e o Estado em que estamos

Tal conjunção marcou mudanças importantes nas autoridades políticas convencionais, os Estados nacionais. E aqui é importante relembrar um traço determinante desse objeto-sujeito. Como se sabe, o Estado moderno nasce com a conquista de três monopólios:

1. O monopólio da produção da norma jurídica – só o Estado cria lei aplicável a todos os cidadãos de seu território.
2. O monopólio da extração e do uso coletivo de parte do excedente econômico gerado no mundo privado – só o Estado pode taxar.
3. O monopólio da coerção legítima, uso legítimo da força física – só o Estado pode prender, matar e arrebentar.

Pois são exatamente esses três monopólios dos Estados nacionais que passam a ser delimitados, reduzidos ou monitorados estreitamente por "autoridades" políticas supranacionais – credores sem rosto e entidades multilaterais reguladoras ou chanceladoras, como o Banco Mundial (BM), o Fundo Monetário Internacional (FMI) e a Organização Mundial do Comércio (OMC).

Além disso, surgem e/ou se multiplicam as "no-go zones" – zonas, em sentido amplo, geográficas ou áreas de atividade – onde o Estado não tem, ou tem pouca, autoridade, presença e efetividade.

Em livro de 1998, Susan Strange lembrava que a aplicação da "lógica keynesiana" por parte dos governos dependia de circunstâncias que não mais existiam. Uma dessas condições era o baixo nível de mobilidade do capital. Os controles sobre os movimentos do capital tinham crescido, evidentemente, durante a Segunda Guerra Mundial, mas a ela tinham sobrevivido – tinham sido, até mesmo, institucionalizados, ainda que com outros estilos, no movimento de reconstrução. Perto da metade dos anos 1980, já haviam-se desmanchado as velhas barreiras isolantes em torno da maioria das economias nacionais ... Strange sustenta que, no novo quadro, a efetividade das políticas controladoras de ciclos depende de sua adoção em plano global e coletivo, não nacional. Mas, adverte, isto está longe de se tornar viável. (Strange, 1998, p.91)

Outro conhecido analista, Dani Rodrik, transformou em seu tema predileto e quase obsessivo a compatibilização entre o processo de globalização e liberalização – que considera em geral positivo e irreversível – e a preservação de estabilidade sociopolítica entre os países e grupos sociais mais afetados pelas suas consequências indesejadas (que também parece considerar inevitáveis):

> o mais sério desafio para a economia mundial, nos próximos anos, é fazer que a globalização seja compatível com a estabilidade social de política doméstica – ou, para dizê-lo de modo ainda mais direto, assegurar que a integração econômica internacional não contribua para a desintegração social doméstica.
>
> ...
>
> o comércio frequentemente exerce pressão também para outro tipo de arbitragem: arbitragem em normas nacionais e instituições sociais. Isto não ocorre diretamente, por meio do comércio de "normas" ou "instituições", como ocorre com bens e serviços, mas indiretamente, pela elevação do custo social da manutenção de arranjos sociais divergentes. Esta é uma fonte essencial de tensão na globalização. (Rodrik, 1997, p.26)

Também Paul Streeten havia advertido para esse fato:

> ajustamentos que respondem a mutantes vantagens comparativas são custosos. Eles implicam mudança nas ocupações, frequentemente mudança de residência, períodos de desemprego e incerteza e, em geral, revolta e ruptura. Em um ambiente internacional em que as vantagens comparativas mudam rapidamente, a política comercial pode se tornar uma política para errantes: ela impõe o imperativo de se mover de uma ocupação para outra, de uma residência para outra. (Streeten, 1996)

Por esses motivos, Rodrik insiste na afirmação de que a nova configuração de eventos e forças tornaria indissociáveis, de todos os pontos de vista, as políticas domésticas e internacionais, as questões "internas" e "externas":

> Escreve Ruggie (1995) que "Reestruturar nações – pelo menos certos aspectos das nações – é o que as disputas comerciais têm significado, crescentemente". Esse é, de fato, o tema comum que circula nos assim chamados novos temas da agenda da OMC. Sejam padrões trabalhistas, política ambiental, política de competição ou corrupção, as diferenças nas práticas domésticas tornaram-se matéria de controvérsia internacional. Os conflitos surgem tanto quando essas diferenças estimulam o comércio – como no caso do trabalho infantil ou de políticas ambientais permissivas – quanto nos casos em que elas, alegadamente o reduzem – como nas práticas keiretsu do Japão. Já vão longe os dias em que as negociações sobre política comercial incidiam principalmente sobre as interferências no comércio nas fronteiras – tarifas e barreiras não tarifárias. Os temas centrais do comércio, para o futuro, dizem respeito à "integração profunda", envolvendo políticas dentro das fronteiras, e o modo de identificá-las. (Rodrik, 1997, p.27)

Sabemos que a preocupação não era nova. Em seu famoso *A grande transformação* (1944), Karl Polanyi lembra que, desde os albores do novo mundo industrial, emergia um contramovimento sociopolítico que procurava conter os efeitos devastadores do "moinho satânico" do mercado. Esse movimento engendrou instituições e práticas que salvaram a sociedade – homens, ambientes natural e social. As políticas de Estado que compensavam "perdedores" e forçavam a internalização de economias e "deseconomias" externas representaram o modo pelo qual se fez, com tragédias suportáveis ou pelo menos não irreversíveis, a travessia para o mundo contemporâneo de "economias mistas" florescentes. No quadro da globalização, o problema se recoloca, em escala ampliada, conforme lembra um conhecido estudioso das relações internacionais:

> O sistema capitalista internacional não poderia sobrevier, provavelmente, sem forte e sábia liderança. A liderança internacional deve promover a cooperação internacional para estabelecer e impor regras que regulem o comércio, o investimento estrangeiro e as relações monetárias internacionais. Mas é igualmente importante que a liderança assegure pelo menos salvaguardas mínimas para os inevitáveis perdedores, dentro dessas forças de mercado e do processo de destruição criativa; aqueles que perdem devem pelo menos acreditar que o sistema funciona de modo justo. A sobrevivência do Mercado ou do sistema capitalista estará em risco, a não ser que as considerações baseadas na eficiência sejam contrabalançadas por proteção social para os economicamente fracos e pelo treinamento/educação daqueles trabalhadores que forem deixados para trás pela rápida mudança econômica e tecnológica. (Gilpin, 2000, p.3-4)

Nesse quadro, o que são, ainda, os Estados nacionais? Sujeitos ou arenas? No cenário internacional, de cooperações e confrontos, os Estados são sujeitos. Aliás, nas teorias mais ortodoxas das relações internacionais, "realistas" ou "idealistas", são os sujeitos por excelência. Mas os Estados nacionais são também arenas em que conflitam outros sujeitos – grupos e classes, partidos e movimentos, novos atores nessas relações. Quando uma coalizão ocupa essa arena, isto é, toma o poder de Estado, tem a oportunidade de transformar o papel desse sujeito na arena maior, o terreno das relações internacionais. Mas, para fazê-lo, precisa interagir não apenas com outros Estados, mas com forças que nesses Estados figuram, como sujeitos que disputam aquela arena. Um governo progressista de um país subdesenvolvido, se deseja mudar o mundo e criar condições para uma saída do cerco de exploração imperialista, precisa, dramaticamente, de aliados no interior do mundo desenvolvido. Até porque mudanças significativas na vida dos países subdesenvolvidos implicarão ajustes mais ou menos dolorosos no modo de vida e de acumulação de riquezas dos países desenvolvidos.

Nesse sentido, há quarenta anos, a reação romântica de movimentos anticonsumistas – beatniks, hippies, contracultura – talvez tenha errado a tática, mas intuiu os valores estratégicos. Naquela conjuntura, pensadores da esquerda norte-americana, como Harry Magdoff, também alertaram para tal dimensão do problema.[19] Gabriel Kolko observava:

> Sugerir que os EUA poderiam resolver suas carências naturais tentando viver dentro dos limites de suas matérias-primas poderia também exigir uma drástica redução de suas exportações de bens finais, e isto os líderes do sistema americano nunca per-

---

[19] Cf. Magdoff, 1978 (o livro é de 1969). Ver também o artigo: O impacto da política externa americana sobre os países subdesenvolvidos, publicado em março de 1971 pela *Monthly Review* e reimpresso (MAGDOFF, 1979).

mitiriam voluntariamente, porque traria profundas repercussões econômicas para uma economia capitalista, na forma de um vasto desemprego e lucros mais baixos. (Kolko, 1969, p.25)

E Barrington Moore, ainda que polemizando com Magdoff e Kolko no que diz respeito ao papel dos Estados Unidos nesse processo, concorda com esta profecia: "alguma forma de desindustrialização tem de fazer parte de qualquer programa, liberal ou radical – ou uma mistura dos dois – para alterar a sociedade americana" (Moore, 1974, p.114).

Naquele momento, a expressão da moda era "aldeia global", na esteira de McLuhan – uma alegoria bem menos lancinante do que as que hoje nos atordoam. Até pouco tempo, globalização galopante, os "otimistas", seguindo a Fukuyama, saudavam o "fim da história" e a "nova renascença". Pânicos financeiros, as torres do 11 de setembro, a invasão do Afeganistão e do Iraque – a nova renascença parece menos evidente e o fim da história parece mais o início de uma nova barbárie. Os mais cautelosos apontam os paradoxos, as incertezas e os perigos dos novos conflitos.[20] Os Estados nacionais continuam fazendo política. E continua-se a fazer política também no interior dos Estados nacionais.

---

[20] Ver a nova introdução de Benjamin Barber para seu *Jihad vs McWorld...* (BARBER, 2001).

Capítulo 2

A economia do desenvolvimento nos "25 Gloriosos" do pós-guerra

> Essa não é a primeira vez que os Estados Unidos ou instituições multinacionais muito influenciadas pelos norte-americanos convencem-se de que possuem a chave para o progresso e o desenvolvimento de todos esses países cabeçudos, e por isso mesmo atrasados. Na década de 1950, o Banco Mundial procurou condicionar seus empréstimos ao estabelecimento, nos países tomadores, de alguma forma de planejamento econômico global. Nos anos 1960, a Aliança para o Progresso incentivou com todo empenho os países latino-americanos a realizar reformas agrária e fiscal – sendo que esta última, na época, significava impostos mais severos para os ricos. Mas nunca os latino-americanos ouviram mais sermões e repreensões do que nos anos 1980, desta vez segundo linhas muito diferentes: tratando das virtudes do livre mercado, da privatização e do investimento privado externo e dos perigos da direção e intervenção governamental, bem como da tributação excessiva, sem falar do planejamento.
>
> *Albert O. Hirschman, 1996*

> Se o "Fim da História" foi o ressurgimento da teoria da modernização, fazia sentido que sua reabilitação ocorresse no momento em que os Estados Unidos se sentiam confiantes em sua superioridade econômica, política e ideológica. Os que celebravam a globalização eram os herdeiros da teoria da modernização.
>
> Nils Gilman, 2003

2.1. Introdução: A volta do parafuso (ou como a história de uma ideia é relevante para a compreensão de suas virtualidades)

Desde o fim da Segunda Guerra Mundial, alguns termos e noções começaram a integrar o discurso das ciências sociais: subdesenvolvimento e Terceiro Mundo, por exemplo. Outros tiveram seu significado inteiramente redefinido, quando não transformado em campo de disputa: desenvolvimento e modernização talvez sejam casos típicos.

Tais termos não são citados aqui por acaso. São centrais em nosso estudo. Por que é importante datar seu nascimento ou sua reencarnação? Porque a "teoria do desenvolvimento", campo multidisciplinar desde sua origem, deve a tais circunstâncias e momentos a constituição de suas vertentes e de seus dilemas. Os comentários de Hirschman e Gilman lembram a permanência de problemas e temas que não foram inteiramente "resolvidos" em uma relação tensa: aquela que se estabeleceu, em diferentes momentos da história capitalista, entre países e sociedades com desiguais graus de controle sobre recursos e processos estratégicos para o domínio econômico ou para a coerção política.

Trata-se de um intervalo da história denominado, por vezes, os "25 Gloriosos" do pós-guerra. Mais diretamente, para o tema que nos afeta, pode-se estreitar um pouco mais esse tempo, entre o Programa do Ponto IV, de Truman, e a Aliança para o Progresso, de Kennedy, ou seja, entre o fim da década de 1940 e o início da de 1960. E o que era importante, naquele momento, para os termos-ideia citados? Em primeiro lugar, surgem dezenas de nações "jovens", paridas, geralmente a fórceps, pela descolonização. As *emerging nations* de Millikan-Rostow[1] constituem sombra – promissora ou temerária – na maior parte dos estudos sobre o cenário do pós-guerra. A sua presença é constante – do famoso relatório da ONU sobre as *measures* para a superação do subdesenvolvimento, que mais adiante comentaremos em detalhe, passando pelos estudos imantados pelos programas do Ponto IV ou da Aliança para o Progresso, apenas para lembrar uma das vertentes dessa reflexão. Em segundo lugar, naquele momento, havia a reemergência de outras nações, não exatamente jovens, mas reidentificadas pelo quadro de polarização em que se colocavam. Não eram suficientemente providas de riqueza e poder político para figurar no "Primeiro Mundo" capitalista. Não pertenciam, contudo, ao "Segundo Mundo", o das economias planificadas que, naquele momento pelo menos, seguiam o roteiro de reequipagem política da União Soviética.

Terceiro Mundo: o termo costuma ser creditado ao demógrafo A. Sauvy e foi deliberadamente inspirado na coreografia sociopolítica da Revolução Francesa (Sauvy, 1952). Ao lado de uma descrição formada pelo negativo e pelo residual, e exatamente por essa alusão histórica incômoda, sugeria certo temor. Talvez esse medo seja a chave para explicar os termos em que seria vazado o

---

[1] *The emerging nations* – their growth and United States Policy, estudo coletivo organizado por Max Milikan no âmbito do Centro de Estudos Internacionais do MIT, no início da década de 1960, reuniu nomes importantes da "teoria da modernização": Daniel Lerner, Everett Hagen, Lucian Pye, W.W. Rostow, entre outros. O estudo foi publicado no Brasil (MILLIKAN & BLACKMER, 1963).

famoso Programa do Ponto IV de Truman, referência quase obrigatória em qualquer reconstrução da teoria do desenvolvimento. A mensagem do presidente norte-americano ao Congresso, em 1949, sublinhava como motivação explícita do plano de ajuda aos países pobres a meta de evitar que o estado de desespero deles derivasse para a adoção de comportamentos políticos inconvenientes, perigosos, isto é, para a adoção de regimes comunistas ou criptocomunistas.

Desenvolvimento: este, mais do que um conceito, seria um campo em disputa. Disputa pelo seu próprio significado: o que é? O que implica, supõe ou propicia? Disputa pelo modo de construir sua identificação: como pode ser traçado seu perfil e como podem ser medidas suas dimensões? Disputa pelos sujeitos/substâncias de quem ele pode ser atributo ou qualidade. Disputa pela "unidade de análise": o quê/quem se desenvolve? Quem disso se beneficia? Disputa, enfim, pelas conclusões normativas: ele deve e/ou pode ser provocado ou acelerado? Como? Questões como essas povoam o nascimento da chamada "teoria do desenvolvimento" ou "teoria da modernização" – ou, melhor dizendo, do conjunto nada homogêneo de reflexões e análises que sob esse toldo se difundiram desde o fim da década de 1940. Um dos objetivos de nosso trabalho é desvendar esse campo de lutas – suas circunstâncias, seus atores e suas manifestações.

Também cabe lembrar que, a rigor, desenvolvimento é uma reencarnação – ou uma ressignificação – de temas e problemas que eram ainda mais antigos na história da economia política. Progresso material e, mais emblematicamente, claro, "riqueza das nações" já eram os objetos, por excelência, da economia política clássica. Mas a reencarnação toma nova forma, em contexto tão rico, com a ascensão de um novo *hegemon* e a invasão da cena internacional por algumas dezenas de "jovens países" constituídos pela descolonização do pós-guerra.

A ECONOMIA DO DESENVOLVIMENTO NOS "25 GLORIOSOS"... 39

Esses dois elementos do contexto são decisivos para explicar o surgimento das teorias do desenvolvimento e do tipo de visão que ela demandou e/ou condicionou. A importância da política externa norte-americana salta à vista. O ingresso do país na cena internacional já não é vacilante como fora sob W. Wilson. Anders Stephanson lembra que a doutrina do *manifest destiny* comportava duas interpretações e dois comportamentos – isolar-se e florescer "longe do mundo", a ele oferecendo um exemplo de nação, ou intervir decididamente para garantir que esse exemplo seja, de fato, seguido. Stephanson afirma que a primeira alternativa teria predominado na curta vida da república norte-americana, mas que seria claramente suplantada e substituída pela outra, depois da Segunda Guerra Mundial (Stephanson, 1996). Essa modulação é sinalizada pela história dos numerosos centros de estudos e *think tanks* criados para o estudo comparado de países, em especial os países daquele Terceiro Mundo em disputa.

Nações jovens – Estados jovens – entravam no mapa. Mas, como dissemos, havia também as rejuvenescidas, aquelas que, existindo há muito tempo, reconstruíam sua identidade e sua presença nesse terreno. Uma era de desenvolvimento – era de *nation building*. Pode-se mesmo afirmar que havia quase uma necessidade (ou pelo menos uma conveniência) de um *thelos* desenvolvimentista para vertebrar a estrutura social e as coalizões políticas desses países, para a aventura do *nation building*. A conjuntura parecia oferecer uma oportunidade para que surgisse um dispositivo ideológico novo – o desenvolvimentismo, uma espécie de equivalente funcional do keynesianismo e da economia mista que se haviam tornado, nos países centrais do sistema, "achados" do capitalismo do pós-guerra. A formação dessa imagem-destino – o país desenvolvido – era, em certa medida, uma novidade e uma "vantagem dos retardatários", para usar a expressão creditada a Veblen e Gerschenkron. Quando haviam "decolado" para a industrialização, os construtores dos *first comers* (Inglaterra, França, Estados Unidos, por exemplo) não tinham essa referência. Os líderes do Terceiro Mundo têm (ou julgam ter), nos países desenvolvidos, uma projeção de seu caminho.[2] Apresentando uma coletânea de ensaios sobre a história da teoria da modernização e do desenvolvimento, Akira Irye enumera as questões que se impunham aos centros e *think tanks* já mencionados – os quais povoaram o que já se chamou de complexo militar-industrial-acadêmico norte-americano. (Gilman, 2003, p.45) Vale a pena recuperar a lista de perguntas:

> Modernização é o mesmo que ocidentalização? A ideia de modernização é universalmente válida? Modernização causa integração global? Os países seguem trajetórias similares ao se desenvolverem? Se é assim, será que todas as nações e sociedades acabarão parecendo umas com as outras, convergindo? Ou, pelo contrário, países diferentes se desenvolverão de maneira diferente, seguindo traços de sua cultura nativa e "caráter nacional"? Colocadas deste modo, as perguntas são aquelas que estão sendo feitas hoje pelos comentaristas do cenário mundial. (Engerman et al., 2003, p.XII)

No mesmo volume, Michael Latham aponta a permanência não apenas das questões, como questões, mas da *moldura* que forneceram ao pensamento:

> Na era pós-Guerra Fria, o senso de destino da teoria da modernização perdeu força nitidamente, e os intelectuais têm cada vez mais se afastado de seus aspectos mais rígidos para descrever os

---

[2] A lembrança não é minha, é de Marion Levy: "... these peoples did develop these processes at a time when they did not exist in any highly developed state anywhere else in the world ... these nations had no idea of where these processes would lead them" (LEVY Jr., 1972, p.12).

A ECONOMIA DO DESENVOLVIMENTO NOS "25 GLORIOSOS"... 41

fenômenos transnacionais. Em vez de considerar a habilidade dos Estados Unidos para canalizar e direcionar o futuro do mundo, os teóricos sociais correram a investigar mudanças culturais e econômicas que são mútuas e recíprocas, e não binárias ou unidirecionais. Em vez de uma simples "morte das tradições", os analistas passaram a descrever a globalização, uma internacionalização da migração humana, finanças, comunicações, mercados e cultura que produziu uma multidão de identidades de grupos, religiosas e étnicas em sobreposição. Contudo, as questões fundamentais sobre desenvolvimento e progresso que os modernizadores levantaram no mundo da Guerra Fria continuarão a moldar o nosso.

Em famoso ensaio de 1926, "O fim do laissez-faire", Keynes afirmava que "o estudo da história das ideias é uma preliminar necessária para a emancipação do espírito". Adotemos o lema. Em dois dos capítulos deste livro, examinamos um momento-chave na história da(s) teoria(s) do desenvolvimento. Neste capítulo, especificamente, detemo-nos em alguns economistas que participaram da fundação desse campo subdisciplinar, entre o fim da década de 1950 e início da de 1960. São tomados como exemplos, na identificação de padrões e dilemas que marcaram essas teorias. As dificuldades conceituais que enfrentam, para compreender seu esquivo objeto, fazem que reconheçam a necessidade de uma abordagem multidisciplinar, algo que se concretizaria na chamada "teoria da modernização", objeto de nosso Capítulo 3.

2.2. Desenvolvimento e subdesenvolvimento: os termos do problema

Os criadores da "economia do desenvolvimento", uma jovem subdisciplina, desde logo perceberam que deveriam transcender a pura *economics* e retomar o adjetivo renegado pelos fundadores da visão neoclássica: mesmo mantendo distância diante de hereges como List, o *main stream* era forçado a reconhecer a necessidade de uma economia *política*, algo similar àquela que haviam praticado Adam Smith, David Ricardo e John Stuart Mill, para explicar as "causas da riqueza das nações".

Smith havia delineado certa concepção de "etapas do desenvolvimento econômico", em que cabia papel decisivo ao ambiente social e institucional. Este poderia tornar viável a acumulação de riquezas, como ocorre com o "sistema de liberdade natural". Ou poderia impedi-lo, como é o caso das instituições e dos costumes mercantilistas e corporativos, a cuja crítica Smith dedica um terço de seu mais famoso estudo. Preocupação similar atribula Stuart Mill, autor de um autêntico manual de referência para esse campo disciplinar, na Inglaterra do século XIX. Nesse tratado, o exame dos determinantes do atraso nas nações do Oriente faz emergir, com notável destaque, fatores dessa ordem: as relações de propriedade da terra e de uso do trabalho, a autoridade política e suas regulações, as propensões, as crenças, os valores, os hábitos e conhecimentos da população. A sistematização de Mill produziria jurisprudência no campo. É quase a olho nu que vemos sua presença no emblemático estudo da ONU sobre os países subdesenvolvidos, em 1951 – *Measures for the economic development of under-developed countries*,[3] assinado por especialistas como W. A. Lewis. Três anos mais tarde, Lewis publicaria um livro de referência obrigatória sobre o tema: *Teoria do desenvolvimento econômico*.[4] Meses antes desse tratado, Lewis dera a público um

---

[3] "*Measures* for the economic development of under-developed countries" – Report by a Group of Experts appointed by the General-General of the United Nations (UNITED NATIONS, 1951).

[4] No prefácio, Lewis lembra que o grande livro que tratava desse tema ainda era o de John Stuart Mill (*Principles of political economy*), publicado em

ensaio interpretativo sobre os fatores não dinâmicos das sociedades subdesenvolvidas, com a tese da oferta ilimitada de mão de obra e do dualismo estrutural. Tal modelo, sugerido por Lewis, teria enorme impacto em outras tentativas de pensar o caminho de ruptura do atraso – entre elas, a de vários cepalinos. Era a essa tradição – a da economia *política* – que os economistas do desenvolvimento apelavam, para compor o quadro explicativo do atraso.[5] Os exemplos que tomaremos, mais adiante, para evidenciar essa inclinação, não precisam nem mesmo passar por autores marcada e francamente heterodoxos, como Alexander Gerschenkron, Albert Hirschman,[6] os cepalinos. Ou para a economia política do desenvolvimento de orientação marxista, como a de Paul Baran, que também publicara ensaios impactantes no início da década de 1950.[7] Não comentaremos, aqui, esses

---

1848. Nota-se que o título original do livro de Lewis era *Theory of economic growth* – crescimento, não desenvolvimento, como na tradução brasileira. Voltaremos a essa importante distinção adiante.

[5] Nessa época, muitos autores preferiam o termo "países atrasados". Ver, por exemplo, Myint, 1969, artigo que foi originalmente publicado em 1954. Ver, também, LEIBENSTEIN, 1957.

[6] A primeira aparição do famoso ensaio de Alexander Gerschenkron – Economic backwardness in historical perspective – ocorreu em seminário organizado por Bert Hoselitz, em 1951, na Universidade de Chicago. O evento resultou em uma coletânea editada pelo próprio Hoselitz (1952). Um dos desdobramentos dessas iniciativas de Hoselitz seria a criação de um importante periódico nesse campo de conhecimento: *Economic Development and Cultural Change*. Quanto a Hirschman, que também participou do seminário e da coletânea, havia organizado sua carreira no campo da economia do desenvolvimento anos antes, como consultor do Banco Mundial na Colômbia. Hirschman relata sua trajetória em *A moral secreta do economista* e em *Autossubversão*, ambos publicados no Brasil pela Editora da Unesp e pela Companhia das Letras, respectivamente.

[7] Referência importante é seu artigo de 1952. Economia política do subdesenvolvimento, reimpresso (AGARWALA; SINGH, 1969, p.83-98).

notáveis hereges. Dirigiremos nosso olhar, neste momento, para a sabedoria convencional de economistas claramente "disciplinares" e familiares ao *main stream*, autores de livros-texto da profissão.

2.2.1 Os documentos em exame

Nesse sentido, chamamos a atenção do leitor, primeiro, para alguns tratados e livros-texto da década de 1950, voltados justamente para a aventura do desenvolvimento induzido. Começamos com um estudo patrocinado por um dos primeiros *think tanks* da área, o Twentyeth Century Fund, que, em 1951, encomendou a dois professores da Universidade da Califórnia, Norman Buchanan e Howard S. Ellis, um estudo sobre o desenvolvimento econômico. Buchanan e Ellis já dirigiam pesquisas para o TCF desde a metade da década de 1940. Buchanan, por exemplo, publicara o alentado *Rebuilding the world economy: America's role in foreighn trade and investment* (Twentieth Century Fund, 1947). Ellis trabalhara no Plano Marshall e na reconstrução do Japão. Na ocasião em que dirigiu essa pesquisa para o TCF, presidia a American Economic Association e a International Economic Association. Da investigação de 1951 resultou o livro *Approaches to economic development*, publicado em 1955 (Buchanan, 1955).

Em seguida, examinamos o *Economic development, theory, history, policy*, escrito por Robert E. Baldwin e G. M. Meier. O manual, de 1957, teve várias edições e reimpressões, em diversos

---

No ano seguinte, Baran realizaria uma série de palestras na Universidade de Oxford. As conferências resultariam, em 1955, na redação do livro *Political economy of growth*, publicado, finalmente, em 1957, pela Monthly Review Press, editora que daria abrigo a numerosos ensaios sobre o tema – subdesenvolvimento, desenvolvimento, imperialismo – produzidos pela esquerda marxista norte-americana.

países, incluídos o mundo árabe, o Leste Asiático (Vietnã, Indonésia) e o Leste Europeu (Polônia). Os autores marcariam esse campo. Robert E. Baldwin escreveu numerosos estudos sobre economia internacional, muitos deles sobre a política comercial exterior norte-americana, e ainda importantes estudos sobre a relação entre desenvolvimento econômico e exportações. Gerald M. Meier, por sua vez, organizou dois volumes de uma coletânea de depoimentos de gigantes da disciplina – *Pioneers in development* – editados pelo Banco Mundial. Neles, quize desses "pioneiros" participam com ensaios retrospectivos, comentando aspectos teóricos e políticos de seus trabalhos anteriores: P. T. Bauer, C. Clark, C. Furtado, G. Haberler, A. C. Harberger, A. O. Hirschman, W. A. Lewis, H. Myint, G. Myrdal, R. Prebisch, P. N. Rosenstein-Rodan, W. W. Rostow, T. W. Schultz, H. W. Singer e J. Tinbergen. Depois, e nessa mesma área, Meier organizou, com Joseph E. Stiglitz, outra coletânea, também para o Banco Mundial: *Fontiers of development economics: the future in perspective in 2001*.

O terceiro "manual" é de Charles Kindleberger – *Desenvolvimento econômico*, de 1958 (Kindleberger, 1976). Depois de seguir carreira como economista e pesquisador em grandes agências financeiras norte-americanas e internacionais (Federal Reserve Bank of New York; Bank for International Settlements, Suíça; Federal Reserve System, Washington), no Departamento de Estado dos Estados Unidos (incluindo o papel de assessor no chamado Plano Marshall), Kindleberger tornou-se, em 1948, professor do Massachusetts Institute of Technology. Autor de numerosos e influentes estudos de história econômica e livros-texto de economia internacional, ele teve seu livro mais popular publicado em 1978: *Manias, panics, and crashes*.

No passo seguinte, comentaremos o primeiro documento da ONU sobre o tema: *Measures for the economic development of underdeveloped countries*, 1951, trabalho de W. A. Lewis (um dos autores do *Measures*) e o modelo da "decolagem", de Walt W. Rostow, com menção à teoria do *big push*, de Rosenstein-Rodan, e ao exame que este economista polonês fazia, já na década de 1940, dos peculiares caminhos de desenvolvimento da indústria em áreas deprimidas da Europa Oriental. Vale notar que Rostow, com um pé na teoria econômica e outro na história, formularia não apenas um modelo para a compreensão dos "caminhos" do desenvolvimento, mas, também, um guia para a *ação* norte-americana, dando razões para a "assistência técnica" aos países que os Estados Unidos pretendiam influenciar e manter em sua órbita.

Já nessa etapa do trabalho, porém com mais detalhe naquela que a segue, veremos também que, para produzir um quadro intelectual que racionalizasse e justificasse as políticas de desenvolvimento e a assistência técnica, a economia do desenvolvimento – assim como a "teoria da modernização", sua companheira e complemento nas demais ciências sociais – precisaria reconstruir a interpretação da história norte-americana, apresentada ou tacitamente suposta como o mais bem acabado dos caminhos para a mais moderna das sociedades modernas. E precisava elaborar uma interpretação sobre o papel dessa sociedade no mundo. Para tudo isso, em boa medida, a narrativa da "excepcional" aventura ianque teria de ser convincente, conveniente e... conivente.

Antes de examinar os documentos mencionados, contudo, cabe ainda uma nota sobre dificuldades de método e definição que assombraram a "jovem subdisciplina" em seu momento de afirmação. É o que segue.

2.2.2 Desenvolvimento: definir e medir

O primeiro desafio, para compreender o subdesenvolvimento e receitar os modos de superá-lo, é caracterizar devidamente esse estado, entender esse animal. É preciso operacionalizar a definição:

transformá-la em conceito ou "teoria", dela deduzindo, em seguida, consequências observáveis (e, pelo menos em princípio, mensuráveis). Esta é a fase que a epistemologia neopositivista chamaria de nomotético-dedutiva. A observação controlada e a mensuração – que verifica as consequências observáveis e corrobora ou refuta a teoria – constituem a segunda parte, a experimental.

A caracterização preliminar do subdesenvolvimento – na dimensão estática, como baixa taxa de produto ou renda *per capita*, ou na dimensão dinâmica, como baixa taxa de crescimento dessa proporção ao longo do tempo – já mostra algumas dificuldades. Havia dificuldades operacionais ou materiais, como as que se encontravam para obter dados confiáveis nos jovens e desorganizados países emergentes do rápido processo de descolonização do pós-guerra. Mas os problemas e dilemas eram também *conceituais*. Na proporção supramencionada (produto/pessoa), por exemplo, o que se deve computar no denominador? População total? A parcela em idade de produzir, população potencialmente *integrável* na atividade econômica, ou aquela efetivamente *integrada*? As diferentes decisões quanto a esses caminhos fazem que, em cada um deles, tenhamos medidas de fenômenos também muito diferentes.

Problema igualmente complexo – talvez mais complexo, a julgar pela insistência da literatura – está no numerador. O que é "produto" e o que é "renda"? Como são "contados"?

A já multissecular tentativa de construir sistemas de contabilidade nacionais[8] mobilizou, no século XX, o talento e o suor de

---

[8] A literatura sobre o tema costuma lembrar o ato fundacional de William Petit e aquilo que, com alguma licença, poderíamos chamar de seu "sistema de apoio à decisão gerencial" para o Estado mercantilista. Para uma avaliação do significado desse empreendimento, na alvorada dos tempos modernos, é instrutivo o ensaio de George Gusdorf sobre "L'arithmétique politique et la statistique", em seu monumental *La Révolution Galiléenne* (GUSDORF, 1969, t. II).

gigantes da teoria econômica. Pelo menos três edições do Prêmio Nobel estiveram empenhadas nesse tema: Simon Kuznetz, Wassilly Leontief, Richard Stone.

Kuznetz recebeu o prêmio em 1971, segundo o parecer da comissão julgadora, "por sua interpretação empiricamente fundamentada do crescimento econômico, que levou a uma visão nova e aprofundada da estrutura econômica e social e do processo de desenvolvimento". Desde a metade da década de 1920, Kuznets dirigira o National Bureau of Economic Research (NBER), buscando construir contagens da renda nacional norte-americana em longos períodos. Publicou numerosos trabalhos sobre esse tema, nas décadas de 1930 e 1940. Leontief foi premiado, em 1973, "pelo desenvolvimento do modelo de insumo-produto e por sua aplicação em importantes problemas econômicos". E Richard Stone, por fim, foi agraciado em 1984, "por suas fundamentais contribuições ao desenvolvimento de sistemas de contas nacionais e consequente aperfeiçoamento significativo da base para análise econômica empírica".

Stone, aliás, pesquisador de Cambridge – Reino Unido, preparara, para a OECE, em 1952, um relatório chamado *Simplified System of National Accounts* – um sistema que a organização recomendava aos países-membros. Mas, já em 1947, tivera um importante trabalho publicado pela ONU – como apêndice ao documento da entidade, *Measurement of national income and the construction of social accounts*. Desde a década de 1930, a Liga das Nações e, depois, a ONU também operariam na construção de sistemas dessa natureza, fornecendo assistência técnica aos países-membros para a adoção dessas contabilidades nacionais. Resultado desse investimento intelectual e institucional, o *System of National Accounts and Supporting Tables* (SNA) teve Stone como um de seus autores – mais ainda, como chefe de equipe.

Com esses esforços, o número de países com sistemas de contas nacionais cresceu rapidamente – 39 países em 1945, 93 em 1955 (Kendrick, 1970). Outro influente evento merece menção. Em 1939, um trabalho seminal do australiano Colin Clark fazia monumental esforço para medir e comparar riquezas de diversos países (e suas distribuições intrassetoriais em cada um deles).[9] Sem a acumulação desses ativos intelectuais, certamente, seria difícil imaginar as escalas classificatórias do World Bank, na segunda metade da década de 1940. Nelas, os países subdesenvolvidos eram definidos com base no índice resultante da relação riqueza/população, muito baixo diante daquele apresentado pelos países desenvolvidos (Estados Unidos, Europa Ocidental, Canadá, Austrália), delimitando-se, por assim dizer, uma "linha de pobreza" a separar os dois mundos.

O primeiro documento abrangente da ONU, a esse respeito, comparando e classificando países, aponta exatamente para o problema conceitual que mencionamos, no que se refere à definição do denominador, na relação renda *per capita*. O estudo de 1957, contabilizando o produto *per capita* de 55 países (1952-54), levanta a seguinte objeção:

> um problema de especial importância que os países menos desenvolvidos enfrentam ao estimar seu produto nacional vem da existência de uma considerável economia não monetizada. Quando apenas uma parte do produto total dos bens e serviços de um país é comercializada no mercado, é necessário estimar a parte que é produzida fora da esfera monetária para se obter a renda nacional. (Apud Higgins, 1959, p.8)

---

[9] Colin G. Clark compilou o primeiro conjunto de dados sistematizando as contas nacionais do Reino Unido. Em seguida, procurou fazer esse tipo de trabalho em escala internacional, publicando, em 1939, o famoso *Conditions of Economic Growth* (CLARK, 1980).

A referência a tais problemas de definição torna-se usual na jovem "economia do desenvolvimento". Vejamos alguns deles. O mencionado estudo de Buchanan e Ellis (*Approaches to economic development*), por exemplo, adverte:

> Dificuldades Especiais de Cálculo... especialmente graves no caso de países subdesenvolvidos. Talvez o pior obstáculo seja o fato de que em muitas áreas subdesenvolvidas muito da "produção" e do "consumo" ocorre inteiramente fora do mercado econômico e, portanto, não pode ser interpretado de acordo com os princípios habituais de avaliação e permuta. A atividade econômica é muitas vezes quase indistinguível do comportamento social em geral. Em países desenvolvidos, o trabalho das donas de casa pode ser legitimamente excluído do cálculo da renda nacional. Mas se as esposas semeiam, cultivam e colhem todo o suprimento de comida, a exclusão de seu trabalho é certamente absurda. Aparentemente, em algumas regiões subdesenvolvidas – China, por exemplo – o rendimento em espécie e trabalhos executados gratuitamente são também extremamente comuns. Esses fatores não são facilmente avaliados e totalizados. (Buchanan; Ellis, 1955, p.17)

Em coletânea de Irma Adelman (1964), encontramos ressalva similar, no texto que precede os estudos comparativos de doze países: em toda sociedade, a comunidade trabalha em algumas atividades não monetarizadas que, no entanto, contribuem para sua sobrevivência e seu bem-estar. Quais destas são incluídas nas contas nacionais? Serviços das casas ocupadas por seus proprietários? Serviços de bens duráveis e capital invertido em obras sociais? Quais outros? Uma famosa antologia escolar organizada pelo já mencionado Gerald M. Meier (1995) lembra que comparações de níveis de renda entre países são difíceis e problemáticas, quando feitas pela conversão de rendas em uma moeda comum – dólares norte-americanos, por exemplo – e utilizando taxas de câmbio oficiais. Essas taxas podem não refletir o poder de compra relativo das moedas. O risco de erro é ainda maior, adverte Meier, quando entram na comparação os países pobres. O cálculo das PPP – *purchasing power parities* – é um modo de diminuir a distorção.

David Gayl, apresentando coletânea muito difundida de *readings* sobre sociologia do desenvolvimento econômico (Gayil, 1970), lembra que, nesses esforços comparativos, "valor" é definido normalmente como valor no mercado – o que introduz na contagem um bem conhecido viés, tendendo a subestimar o nível de produtividade humana das economias de subsistência menos comercializadas.

A dificuldade reaparece em estudo de Simon Kuznetz, quando chamado a responder ao problema proposto por uma conferência da ONU, em 1954:

comparar a situação atual dos países subdesenvolvidos com a situação anterior dos países mais adiantados, dando especial ênfase aos fatores que parecem ser cruciais no que se refere às potencialidades de desenvolvimento.[10]

A investigação de Kuznets mostra como são diferentes (no significado e na medida de suas potencialidades) objetos aparentemente similares, quando postos em situações desiguais. Kuznetz recomenda muito cuidado com tais comparações, projeções e medidas.

Como se pode perceber por esta breve nota, não eram poucos nem pequenos os problemas de identidade e procedimento para a jovem disciplina. E essas dificuldades teriam implicações enormes,

---

[10] O que resultou em seu conhecido artigo, do mesmo ano – Os países subdesenvolvidos e a fase pré-industrial nos países avançados –, reimpresso no volume organizado por AGARWALA; SINGH, 1969. É desse texto a frase citada (p.141)

até em dilemas mais ou menos prosaicos. Depende da forma de medir (e de conceituar o que se mede), por exemplo, a resposta a questões como esta: o que é melhor, comprar sementes ou produzi-las? Bem, depende do prazo, do projeto de desenvolvimento, do *end-state* visado, do contexto, enfim, em que se faz essa conta. Depende do contexto em que se faz a leitura, aparentemente tão simples e transparente, do sistema de preços relativos.

Assim, nesse quesito, a reflexão dos economistas sobre a superação do subdesenvolvimento precisou enfrentar duas grandes dificuldades relacionadas a dois eixos decisivos para caracterizar o estado visto como alvo (o desenvolvimento): a) a medida do crescimento da riqueza; e b) a medida de sua divisão nos diferentes setores e ramos de atividade. Em ambos, o problema crucial estava na interação estreita entre o conceito e o indicador. O modo pelo qual se visa ao futuro e se conceitua valor e riqueza condiciona a fabricação dos instrumentos que possam medi-los e julgá-los. Contudo, o instrumento (disponível ou imaginável como tal) delimita a natureza daquilo que se vê e se mede.

Como se percebe, quanto mais se aprofunda o exame desses indicadores inicial e, supostamente, neutros e objetivos (renda *per capita*, por exemplo), mais se visualiza o caráter complexo e multidimensional do "subdesenvolvimento". E, portanto, também se vê o caráter necessariamente multidisciplinar do conhecimento para ele voltado. Não eram grandezas e variações de um mesmo objeto que estavam sendo comparadas, analisadas, postas em confronto na reflexão sobre o subdesenvolvimento. Eram modos de vida e escolhas civilizacionais, escolhas tácitas ou razoavelmente verbalizadas. Mesmo para aqueles analistas convencidos da convergência tendencial das sociedades – rumo ao "moderno" – e do caráter "solvente" da modernização, para utilizar a metáfora de Marion Levy, ficava desde logo evidente que se precisava passar de uma *economia* do desenvolvimento para um aparato mais abrangente, uma teoria da mudança social ou, simplesmente, da modernização. Isso envolve, é claro, novos problemas de definição e medida – conceituar (e operacionalizar de modo que se meça) o "moderno".[11] Não parece casual que os livros-texto de Adelman et al., em 1961, ou de Kindleberger, em 1958, culminem na referência às análises dicotômicas de Parsons e Marion-Levy. Em seu famoso estudo sobre a Birmânia – um clássico da teoria da modernização, publicado em 1962 – Lucian Pye lembra a antiguidade e a força desse enquadramento dicotômico na teoria social do Ocidente. É extraordinária a força dessa necessidade mental: a de construir a identidade do *mesmo* com base na identidade de *outro* que se pretende entender, enquadrar e dominar. A famosa sentença espinosana segundo a qual toda definição é uma negação, encontra um campo fértil nos exercícios de intelecção dos processos civilizatórios – às vezes apelidados, no século XIX ou por alguns teóricos da modernização, na década de 1950, de variações no "caráter nacional". Em instigante artigo, Uday Mehta (1990) mostra, por exemplo, o quanto a construção da identidade de certa "Índia" foi essencial para a *intelligentsia* inglesa construir uma visão convincente e conveniente da "identidade britânica". Não nos é nada difícil – nem nos exige grande imaginação – enxergar movimento análogo na teoria da modernização da década de 1950, até porque alguma literatura já explorou esse veio.[12]

* * *

---

[11] São conhecidas as tentativas de levar adiante essa operação de contagem. Os mais famosos talvez sejam os *surveys* de Lerner, McClelland e Inkeles, que chegam a imaginar a construção de índices de modernidade (McClelland efetivamente construiu protótipos do homem moderno). Ver, principalmente: INKELES, 1969; LERNER, 1958; McCLELLAND, 1969; 1966.

[12] Ver, por exemplo: GILMAN, 2003; LATHAM, 2000; GENDZIER, 1985; MEHMET, 1995.

Abusando da paciência de nosso leitor, cabe ainda uma última observação, antes de passar ao exame dos discursos emblemáticos da "economia do desenvolvimento". No pós-guerra, mesmo a teoria econômica *main stream* teria de ser razoavelmente aberta à proposta de regulação política, de intervenção estatal nos contratos e atividades privadas. De certo modo coroando essa tendência, no final dos "25 Gloriosos", o arquiconservador (porém pragmático) Richard Nixon teria dito "agora somos todos keynesianos". Mas, antes dele, muito antes, Harold MacMillan, líder do Partido Conservador inglês, reconhecia as virtudes da economia mista – note-se que a mesma agremiação, na metade dos anos 1970, seria convertida por Tatcher ao ultraliberalismo:

> Sou levado à conclusão de que, até onde podemos ver, é tanto possível quanto desejável encontrar uma solução para as nossas dificuldades econômicas em um sistema misto que combine domínio do Estado, regulamentação ou controle de certos aspectos da atividade econômica, com o impulso e o vigor da iniciativa privada naquelas esferas de origem e expansão para os quais ela é, reconhecidamente, tão admiravelmente apta ... [13]

No imediato pós-guerra, a economia do desenvolvimento não escaparia desse condicionante, a síntese entre o instrumental e as convicções privatizantes da microeconomia neoclássica, por um lado, e, por outro, a macroeconomia keynesiana, com sua insistência no papel decisivo que tinha e devia ter a autoridade pública. A esta última caberia o papel de controlar "variáveis relevantes" que permitam regular volume de investimento e nível de emprego, gerenciando os ciclos, para que eles não tenham impactos irreversíveis e destrutivos na ordem liberal.

---

[13] Harold MacMillan, 1938, reimpresso em BUCK, 1975.

Na pedagogia econômica do pós-guerra, o manual de Paul Samuelson – seguramente o maior *best-seller* do gênero[14] – pode ser apontado como ícone dessa confiança na economia mista. Quanto à história econômica e à infante (ou rejuvenescida) economia do desenvolvimento, há diversos exemplares desse clima intelectual, desse enquadramento (ou ideologia). É a eles que daremos atenção nas páginas adiante. Reiteramos que essa literatura pretende dar conta de alguns desafios. Primeiro, definir conceitos e métodos para a análise comparativa de países e modelos de desenvolvimento. Segundo, e após esse primeiro empreendimento, delinear as reformas econômicas (e, como veremos, necessariamente mais do que estritamente econômicas) que deveriam ser recomendadas ou impostas às jovens nações emergentes. Com licença para o anacronismo, tratariam de sumariar aquilo que Washington tinha e devia ter como consenso a esse respeito.

2.3 Buchanan & Ellis, Meier & Baldwin, Kindleberger, Adelman: a sabedoria convencional nos manuais da profissão

Conforme adiantamos, em 1951, o Twentyeth Century Fund encomendara a Norman Buchanan e Howard S. Ellis um estudo sobre o desenvolvimento econômico. Dessa investigação resultou o livro *Approaches to economic development*, publicado em 1955.

---

[14] *Economics: an introductory analysis* teria incontáveis reimpressões, em diversos idiomas, desde a primeira edição, norte-americana, de 1948. Samuelson relata que, na ocasião, George Stigler brincou com o novo livro, dizendo que ele, Samuelson, conseguira a fama e agora partia em busca da fortuna (BREIT; SPENCER, 1995, p.68).

As perguntas centrais da investigação eram:

> Por que e como o desenvolvimento econômico ocorre? Quais são os fatores – sociais, políticos e culturais, além de econômicos – que promovem, ou inibem, a capacidade de uma nação de propiciar uma vida melhor a seus cidadãos. (Buchanan; Ellis, 1955)[15]

Demandava-se ainda a identificação dos fatores que promoveriam ou impediriam essa passagem, de modo que descobrisse "em que medida o desenvolvimento econômico das regiões subdesenvidas seria acelerada pela 'importação' de técnicas e de capital dos paises desenvolvidos".[16]

Os objetivos eram, portanto, os de ajudar a definir uma política norte-americana para reformar os países do Terceiro Mundo, empurrando-os para o caminho do progresso. Nada de surpreendente e nada que não comportasse muitas e seguidas (ainda que variáveis) repetições. Reforçamos a descrição do cenário: a emergência das nações jovens, fruto do processo de descolonização do pós-guerra, e a afirmação dos Estados Unidos como potência hegemônica, confrontada com a fragilidade das nações europeias (antigas matrizes dessas jovens nações). Isso ajuda a explicar a tentativa norte-americana de manter os novos Estados, de modo seguro e estável, em sua área de influência – e de impedi-los de cair na órbita soviética.

Nesse quadro, surgiria o que se convencionou chamar de "teoria da modernização", um extraordinário montante de reflexões que buscava caracterizar o estado de subdesenvolvimento e os modos

---

[15] As frases são da apresentação, assinada pelo diretor-executivo do TCF, J. F. Dewhurst.

[16] No original "to what extent can the economic development of the underdeveloped regions be accelerated by 'importing' techniques and capital from the developed countries"

de superá-lo, administrar o difícil e perigoso período de "transição" entre o tradicional e o moderno, delicado intervalo em que os determinantes da velha ordem já haviam-se desintegrado e os que garantiriam a nova ordem ainda não se haviam consolidado. Marion Levy diz que a modernização é um "universal social solvent". Metáfora que ecoa, talvez sem o desejar, aquela empregada por Marx e Engels, para caracterizar a expansão capitalista como agente destruidor das relações feudais: "tudo o que é sólido se desmancha no ar". Mas não se trata apenas de um solvente – a metáfora tem limites. A modernização desmancha o desenho da velha ordem com o simultâneo engendramento de novo quadro – novas relações e novos laços sociais, novos costumes, valores, sentimentos, novas ideias e imagens de mundo. Sem essa substituição, correr-se-ia o risco de que o vazio fosse ocupado pela versão degenerada do "moderno", como essa figura aparece em muitos autores desse campo: o comunismo.[17]

---

[17] "Essas manifestações da interdependência mundial sem unidade mundial, em quaisquer dos sentidos ordinários de valores comuns ou de integração social, servem como sérias advertências de que as mudanças que já atingiram e às vezes já engolfaram áreas outrora coloniais ou, sob outros aspectos, estagnadas, não são, necessariamente, benignas. A independência política é, por direito, atraente, e a competição pela influência, sobretudo aquela entre os países comunistas e o Ocidente, deu tonalidades claramente militares à medida da assistência técnica. Entretanto, a impaciência dos dirigentes das novas nações ou de outros regimes pós-revolucionários por renovar a economia também é notável. E quaisquer que sejam os motivos políticos ulteriores das grandes potências competidoras, quando abertamente oferecem ou quando lastimosamente lhes solicitam capital e ajuda técnica, elas também oferecem doutrinas antagônicas de desenvolvimento econômico aos recipientes. A existência dessas doutrinas tem consequências importantes para a análise social, bem como para o grande mundo dos negócios. As diferenças doutrinárias implicam uma diversidade de caminhos e, possivelmente, de fins certos na maneira pela qual um país se moderniza". (MOORE, 1968, p.20).

A teoria da modernização nasceu nesse quadro e redundou, desse modo, em uma produção notada e deliberadamente normativa, no aconselhamento de reformas estruturais que deveriam ser introduzidas, no Terceiro Mundo, por diferentes maneiras, aquelas que fossem possíveis.

Repetindo a licença algo anacrônica, pode-se dizer que a teoria da modernização constituiu, naquele momento, certo "consenso em Washington", ou aquilo que se tinha como certo, no centro do mundo, sobre o caminho que deveriam seguir os países subdesenvolvidos, para impulsionar o crescimento autossustentado e o progresso político e social. A tentação da frase anacrônica é ampliada quando, a propósito das limitações do "universal social solvente", lemos o depoimento de Eugene Black, o terceiro presidente do World Bank (1949-1962) já no início da década de 1960, em livro que no Brasil foi traduzido como *A política do desenvolvimento econômico* (Black, 1962), mas que teria seu sentido definido mais fielmente pelo título original: *The diplomacy of economic development*.

Black definia a política (ou a diplomacia...) do desenvolvimento econômico como "modo de assegurar as vantagens concernentes ao desenvolvimento, sem despertar demasiada hostilidade". Demasiada, destaque-se, porque *alguma* reação negativa deveria suscitar, uma vez que, como Black lembra mais adiante:

> A tragédia é que o impacto da ciência e da técnica modernas tornaram antiquados, ultrapassados, os seus usos tradicionais, sem que todavia lhes tenham oferecido uma alternativa tolerável. (Black, 1962, p.24)

O solvente universal ainda não teria produzido novo desenho da ordem. Nesse caso, papel decisivo caberia aos líderes dos países subdesenvolvidos, esses "novos condutores de povos", para administrar a passagem e evitar que seus seguidores caíssem na tentação comunista (Black, 1962, p.29).

Buchanan e Ellis também temiam esse tipo de desdobramento, como reconhece a apresentação de seu livro, assinado pelo diretor-executivo do TCF, J. F. Dewhurst:

> Eles têm bastante consciência das constantes pressões que nos cercam hoje. Eles veem a vasta agitação dos povos desprivilegiados. Reconhecem que, a não ser que as nações livres do mundo possam oferecer algum auxílio e direcionamento, segmentos amplos e cruciais da humanidade podem sucumbir aos encantos falsos e superficiais da conspiração marxista e, assim, serem cúmplices da traição a si próprios e aumentar o perigo para o mundo livre.

No corpo do texto, Buchanan e Ellis insistem sobre esse aspecto, para enfatizar a necessidade de uma decidida política norte-americana para o problema do subdesenvolvimento. Mas lembram também outra razão que, aliás, era muito conhecida e reconhecida pelo governo norte-americano desde pelo menos os trabalhos da Comissão Paley, no início da década de 1950: a crescente dependência de importação de bens essenciais para a economia e para a segurança norte-americanas.[18]

Aqui, ainda que de modo breve e antecipando algo que devemos tratar em outro momento, é necessário introduzir um parêntese a respeito das motivações da ajuda externa norte-americana. Nos dilemas relativos à motivação dessa ajuda – altruísta ou egoísta? Humanitária ou interessada? Pragmática ou principista? – coube um papel decisivo ao reconhecimento, pela elite daquele país, de uma realidade de duas faces inseparáveis: o novo papel dos Estados

---

[18] Nesse sentido, a Comissão Paley (President's Materials Policy Commission) produziria, em 1952, um estudo em vários volumes – *Resources for Freedon.*

Unidos no cenário internacional e, não menos importante, o cenário internacional na definição do futuro norte-americano. Depois da afirmação do Ponto IV, Truman encomendou ao International Development Advisory Board, presidido por Nelson A. Rockfeller, um relatório que detalhasse as formas de aplicação do programa. Entre a solicitação e a emissão do relatório – o *Partners in Progress*[19] – começa a Guerra da Coreia, cuja importância, para a definição das recomendações, é apontada pelo comitê logo no início do documento.

Alguns anos depois, em janeiro de 1953, em seu discurso de posse, Eisenhower bateria na mesma tecla, isto é, na determinação recíproca que se estabelece entre o papel dos Estados Unidos no mundo e o papel do mundo na definição do futuro norte-americano:

> Nós sabemos ... que estamos ligados a todos os povos livres não só por uma ideia nobre, mas por uma necessidade simples. Nenhum povo livre pode, durante muito tempo, apegar-se a qualquer privilégio ou gozar de segurança em solidão econômica. Apesar de todo nosso poderio material, até nós precisamos de mercados para os excedentes de nossas fazendas e fábricas. Precisamos, igualmente, para essas mesmas fábricas e fazendas, de materiais vitais e produtos de terras distantes. Essa lei básica de interdependência, tão manifesta no comércio da paz, aplica-se com intensidade multiplicadas vezes na eventualidade de uma guerra. (Apud Magdoff, 1978, p.218-9)

Reconstrução da Europa e do Japão, desenvolvimento e estabilidade no Terceiro Mundo – esse conjunto é parte fundamental

---

[19] *Partners in Progres* – a Report to presidente Truman by the International Development Advisory Board, Simon and Schuster Publishers, 1951.

do interesse norte-americano. E o interesse norte-americano é fator decisivo na forma pela qual se reconstruirá o mundo desenvolvido e se reformará o mundo subdesenvolvido.

Feche-se o parêntese e destaque-se, também, no estudo de Buchanan e Ellis, sua afirmação do "caminho" canônico e do modelo a ser perseguido pelos países em desenvolvimento:

> Se esses países se desenvolverem – como muitos parecem determinados a fazer – as mudanças que se seguirão provavelmente não serão de todo diferentes das que trouxeram melhoras ao bem-estar material do mundo ocidental. Isso não significa que os países subdesenvolvidos devam repetir por completo a história econômica recente das sociedades ocidentais. A tarefa pode ser mais fácil e levar menos tempo. Mas é improvável que as mudanças se revelem totalmente diferentes em caráter, ou que os deslocamentos, ajustes e adaptações que os países desenvolvidos experimentaram possam ser evitados completamente. (Buchanan; Ellis, 1955, p.5)

Como vemos, portanto, a partir desse momento, metade da década de 1950, a jovem disciplina lutava para construir sua identidade e enfrentava problemas típicos da infância ou da dolescência: método e instrumentos de medida, definição de objetos, afirmação de axiomas. E, para expor suas dúvidas e achados, produziria livros-texto e manuais de ensino. W. A. Lewis dizia que desde o *Principles* de Mill, de 1844, nada de sistemático e abrangente fora feito na área. E encarava o desafio de fazê-lo: publicava seu *Theory of economic growth*, em 1954. Outros manuais e livros-texto surgiriam. Vejamos, então, inicialmente, três deles, escritos por importantes nomes da profissão: Gerald Meier e Robert Baldwin; Charles Kindleberger; Irma Adelman. Voltaremos a Lewis mais adiante.

2.31 Meier, Baldwin, Kindleberger, Adelman – os livros-texto e as aporias da apresentação canônica do subdesenvolvimento

Os manuais produzidos por esses economistas sintetizam, em grande medida, a sabedoria convencional da profissão na década de 1950. "Sintetizam" talvez não seja um termo preciso e justo para estudos tão detalhados, compreensivos, volumosos. Contudo, tomaremos aqui dois ou três aspectos que nos interessam mais de perto, conforme o que se disse.

Principiemos por Meier e Baldwin, que pretendem, desde logo, enunciar um cuidado na caracterização do subdesenvolvimento: "A economia de um país pobre também pode ser considerada subdesenvolvida quando possui recursos naturais que se encontram subdesenvolvidos", dizem. A frase procura definir de qual pobreza se fala: "a utilidade dos recursos depende do conhecimento técnico, das condições da demanda e das novas descobertas". Não se trata de uma avaliação de riqueza morta ou para sempre definida, mas daquela que depende do olhar e da mão humana. A diferença é importante, do ponto de vista descritivo, e resulta em diferenças também marcantes quando daí se deduz o que fazer (o elemento prático-normativo), já que "a escassez relativa de alguns recursos naturais irreproduzíveis tem sido superada por uma variação da técnica ou com sua substituição por um novo recurso". Por isso, resumem nossos autores,

> em vez de afirmarmos que os países pobres são inexoravelmente deficientes em recursos naturais, é mais razoável que digamos que eles são pobres porque ainda não foram bem-sucedidos em superar a escassez de recursos naturais por meio de variações da técnica e de organização social e econômica. (Meier; Baldwin, 1968, p.375-6)

Não se trata, portanto, de nenhuma pobreza. A rigor, não se trata de pobreza. Trata-se de determinado tipo de atraso, a incapacidade de articular meios e fins. Daí se pode compreender a lista de manifestações peculiares desse "atraso", manifestações que deslizam do terreno estritamente econômico para o social:

> a baixa eficiência de trabalho, a imobilidade dos fatores, a limitada especialização em ocupações e no comércio, a falta de uma classe empresarial, a ignorância dos problemas econômicos e uma estrutura de valores e uma estrutura social que minimizam os incentivos à variação econômica. (Meier; Baldwin, 1968, p.378)

O problema e – importante – *também a solução* colocam-se muito além do terreno estritamente econômico. A esse respeito, os grifos, nossos, no texto a seguir, de Meier e Baldwin, falam por si:

> Em geral, os problemas econômicos do desenvolvimento são relativamente simples quando comparados com os mais profundos e amplos problemas sociológicos relativos às instituições e aos padrões culturais dos países pobres, ao mesmo tempo que estes adquirem novos desejos e os meios de obtê-los. *Não apenas deve a organização econômica ser transformada, mas também modificada a organização social* – representada por importantes instituições, como as castas, a família unida, a aldeia rural, a igreja e a escola – *de tal forma que o complexo básico de valores e motivações possa ser mais favorável para o desenvolvimento*. Deste modo, os requisitos para o desenvolvimento implicam variações e modificações econômicas e culturais. O problema fundamental, provavelmente, será não apenas que grau e intensidade de variação econômica poderá a economia absorver, mas, ao contrário, *que intensidade de modificações culturais poderá o povo atrasado aceitar e com que rapidez*. (Meier; Baldwin, 1968, p.463-4, grifos nossos)

O segundo manual que mencionamos, o de Kindleberger, é igualmente amplo e detalhado, como um curso acadêmico de longa duração sobre a teoria e a política do desenvolvimento. O tema distintivo que nos interessa, porém, é aquele enunciado logo na abertura do curso, nos dois primeiros capítulos. O primeiro deles, aliás, já o diz no título: "Crescimento e desenvolvimento econômico". O tema é a *diferença* entre essas duas coisas. Kindleberger alerta para o fato de que não podemos limitar nosso olhar ao exame de fenômenos como produto e produtividade maiores, mas estendê-lo até as "mudanças na estrutura da produção e na alocação de insumo por setores". (Kindleberger, 1976, p.1).

O Capítulo 2 vai um passo além na caracterização da mudança requerida para o desenvolvimento. Volta-se então para os "aspectos não econômicos do desenvolvimento econômico". Nesse sentido, acentua a importância decisiva das estruturas sociais para viabilizar e modelar (condicionar, em suma) o desenvolvimento econômico, entendido este, repetimos, como "crescimento + transformações estruturais". Também, aqui, o movimento envolve o retorno da *economics* para seu leito de nascedouro, a economia política.

Há outro traço interessante, no texto de Kindleberger, para as conexões que pretendemos evidenciar. É a sequência lógica do reconhecimento dos "aspectos não econômicos": o capítulo culmina em uma referência reveladora e reverente a Parsons e a seu discípulo Marion Levy. Este último, aliás, em grande medida, tem a responsabilidade de trazer os modelos analíticos de Parsons para o exame da "modernização" dos países subdesenvolvidos. Mais uma vez, como se tornará repetitivo *ad nauseam*, na história da teoria da modernização dominante no período que examinamos, o centro de atenções é o modelo de variáveis dicotômicas (tradicional *versus* moderno).

Cito Kindleberger, ainda que longamente:

> Parsons e Levy demonstraram que as relações de um indivíduo com a sociedade em que vive diferem em várias dimensões, das quais as mais significativas compreendem percepção, associação e relações essenciais. A percepção ou maneira pela qual o indivíduo interpreta o mundo físico que o rodeia tende a mudar do irracional para o racional, à medida que as sociedades se desenvolvem, ou da superstição para a razão. Em termos de associação, o desenvolvimento traz consigo uma mudança do particularismo (ou, na linguagem de Parsons, atribuição) para a universalidade (ou realização). De acordo com o primeiro, os papéis na sociedade são escolhidos conforme a família do indivíduo, sua religião, casta e renda; de acordo com o segundo, a escolha se faz com base na capacidade de desempenhar determinado papel. As relações essenciais variam desde as difusas, nas quais os limites das obrigações das pessoas para com os semelhantes são muito fluidos, até as específicas, em que os limites são definidos, sob a forma de contratos (Kindleberger, 1976, p.21)[20]

De Parsons e Levy, Kindleberger deduz uma sentença que parece adotar como conclusiva para julgar, ao mesmo tempo, *o caminho e a meta* de uma política que promova o desenvolvimento: "Para que haja desenvolvimento econômico são necessárias, em grau considerável, racionalidade na percepção, universalidade na associação e especificidade nas relações" (Kindleberger, 1976, p.22).

A essa percepção, Kindleberger aduz outra, que, na época, estava sendo amplamente explorada.[21] Diz respeito aos atores e grupos sociais estratégicos na geração e condução desse processo:

---

[20] Os estudos citados por Kindleberger são: Parsons; Shils, *Toward a General Theory of Action*, de 1951; LEVY, M. J. *The Structure of Society*, de 1951.

[21] E. E. Hagen resumiu esse argumento em "How economic growth begins", publicado no *The Public Opinion Quarterly*, em setembro de 1958. Edição

os grupos que desempenham papel importante no desenvolvimento econômico ... têm em comum não tanto a natureza de suas crenças, mas, sim, o fato de serem grupos 'marginais' que sublimaram sua insegurança social através da realização econômica (Kindleberger, 1976, p.37-8).

Juntemos esses elementos — a temática parsoniana do tradicional/moderno e a identificação desse indispensável, estratégico, demiurgo *ex-machina*, adormecido ou ausente, mas eventualmente introdutível de dentro para fora. Com eles, é quase inevitável o apelo a uma "teoria da modernização" mais ampla do que a teoria econômica *stricto sensu*.

Reencontramos esse encadeamento lógico também no outro livro-texto que mencionamos, a coletânea organizada por Irma Adelman (1964). Trata-se de importante reunião de estudos sobre doze países, precedidos de ensaio preliminar a respeito dos "Determinantes do desenvolvimento econômico".[22] Entre esses determinantes, estão os recursos naturais e humanos, o capital, a tecnologia e a função do empresário. O ensaio examina, então, os "fatores sociais e culturais" e culmina no apelo às variáveis padrão dicotômicas de Parsons (Adelman, 1964, p.171-2).

Anos mais tarde, Wilbert Moore, arguta e inquieta testemunha ocular da história, ofereceria útil resumo desse enredo:

> A expressão desenvolvimento econômico significa mudança estrutural além do simples aumento em produção. O desenvolvimento traz consigo o estabelecimento ou a recomposição dos

---

brasileira pode ser encontrada em coletânea organizada por L. A. Costa Pinto e W. Bazzanella (Costa Pinto; Bazzanela, 1967).
[22] O ensaio sobre o Brasil é escrito por Celso Furtado.

mecanismos fiscal, financeiro e fiduciário. Implica mudanças institucionais no sentido preciso de alterações nas leis e em outras regras de conduta, mudanças organizacionais na administração da produção e distribuição e, cedo ou tarde, alterações no estabelecimento, definição e motivação da atividade econômica. (Moore, 1968, p.16)

Retifiquemos: mais do que testemunha, Moore era ator relevante. Como vários dos intelectuais que estamos a examinar neste texto, operava não apenas como estudioso, mas como auxiliar na definição de políticas para a ação exterior dos Estados Unidos, constituindo, por assim dizer, parte do fenômeno que ele próprio identificara, nas motivações desse campo de conhecimentos e na extensão de seus objetos de estudo:

Até o fim da Segunda Guerra Mundial, os estudos mostravam pouco interesse pela transformação social que ocorria nas áreas economicamente subdesenvolvidas ou em desenvolvimento ... uma fonte básica do comprometimento mais recente do interesse dos estudiosos nas "áreas subdesenvolvidas" tem sido estranha à comunidade acadêmica, originando-se mais propriamente das necessidades de conselhos sobre a política social. Os funcionários públicos responsáveis, nessas áreas, têm procurado uma transformação econômica rápida, empenhando-se em várias medidas oficiais para alcançá-la. Essas medidas incluem a obtenção de vários tipos e formas de "assistência técnica", tanto através das Nações Unidas e de seus departamentos especializados, como também de programas nacionais de assistência como, por exemplo, os dos governos metropolitanos com respeito aos territórios coloniais ou associados, e os do "Ponto Quatro" e departamentos sucessores do governo dos Estados Unidos. (Moore, 1968, p.7-8)

2.4 ONU, 1951: o que é desenvolvimento e como atingi-lo?

Relatamos e comentamos, em outra parte deste texto, os esforços da Liga das Nações e da ONU na assistência técnico--econômica destinada a fornecer, aos países-membros, instrumental que permitisse construir quadros sinóticos da riqueza nacional e de seus movimentos – as "contabilidades sociais".

Como se sabe, era preocupação central do pós-guerra, para a ONU e para a nova potência hegemônica, os Estados Unidos, a reconstrução da Europa e do Japão, bem como a garantia das condições para a estabilidade política e social nesses países. A preocupação era evidenciada, por exemplo, em documento de dezembro de 1949, o relatório da ONU intitulado *National and International Measures for Full Employment*. Mas o problema das nações jovens (ex-colônias) e rejuvenescidas (os países descolonizados já no século XIX, como os da América Latina) – de sua "reconstrução" econômica e do *nation building/state building* – entraria rapidamente no rol das inquietações.

Em 1951, o Departamento de Assuntos Econômicos da ONU publica o relatório intitulado *Measures for the economic development of underdeveloped countries*,[23] preparado por uma comissão de especialistas, entre eles dois nomes importantes da economia do desenvolvimento do pós-guerra, W. Arthur Lewis e Theodore W. Schultz.[24]

---

[23] *Measures for the economic development of under-developed countries*, Report by a Group of Experts appointed by the Secretary-General of the United Nations (UNITED NATIONS, 1951).

[24] Em 1979, os dois dividiriam o Prêmio Nobel de Economia, com este parecer do comitê julgador: "for their pioneering research into economic development research with particular consideration of the problems of developing countries". Theodore W. Schultz era professor da Universidade de Chicago; W. Arthur Lewis, da London School of Economics.

O *Measures* aponta, desde logo, o caráter reflexo das economias e sociedades subdesenvolvidas: as flutuações cíclicas que aí se observam são dominadas por movimentos gerados nos países industriais (United Nations, 1951, p.5). E menciona, como traço relevante, o "desemprego disfarçado" com a fórmula bastante conhecida desde essa época: muitas pessoas trabalham por conta própria, tão numerosas relativamente aos recursos com os quais operam, que, se um número significativo delas fosse deslocado para outro setor da economia, o produto total do setor de onde foram deslocadas não diminuiria, mesmo sem significativa reorganização desse setor e sem significativa substituição por unidades de capital (United Nations, 1951, p.7).[25]

O documento afirma, ainda, que as precondições para alterar esse quadro são, basicamente, de ordem institucional, social e psicossocial. É certo que a tarefa do desenvolvimento *econômico* é criar rapidamente novos empregos (United Nations, 1951, p.9), isto é, deslocar para ocupações socialmente rentáveis pessoas que na verdade simulam produzir. Mas, adverte, esse desenvolvimento "é uma planta que floresce apenas em ambiente apropriado" (United Nations, 1951, p.41). E o desabrochar desse embrião (abortado ou inibido em ambiente hostil) pode ser acelerado por medidas legais e administrativas (United Nations, 1951, p.4). A criação e a manutenção do ambiente são o elemento decisivo e o ponto de alavanca.[26]

---

[25] O tema do desemprego disfarçado é usual na literatura especializada da época. Mas é bom atentar também para o tratamento específico dado a esse tema, alguns anos depois do *Measures*, pelo famoso ensaio de Lewis sobre a "oferta ilimitada de mão de obra" em sociedades "duais". (LEWIS, 1969).

[26] É sabido que essa analogia também aparece no famoso estudo de Boecke, um dos criadores da noção de sociedades subdesenvolvidas como estruturas "duais": "Faríamos bem em não tentar transplantar as suaves e delicadas

A imagem faz sugerir os promotores da modernização como jardineiros que utilizam um *artefato*, mas que, aparentemente, devem *acelerar* uma lógica *latente*. Contudo, o meio hostil a transformar – transformação sem a qual nada é possível, insista--se – é a própria sociedade: seus hábitos de vida e pensamentos, suas instituições políticas e legais, a estratificação de suas classes, seu desenho civilizatório. A rigor, portanto, o desenvolvimento econômico proposto nesse tipo de imagem não apenas *aceleraria* (quantitativamente) um processo, mas transformaria seu *sentido*.

Quais são essas precondições a serem criadas?

Em primeiro lugar, "o povo de um país deve desejar o progresso", e suas instituições devem estimular esse desejo. Que fatores inibem essas aspirações (cabendo, portanto, eliminá-los)? O texto dá um exemplo: as filosofias de vida que apelam para valores sobrenaturais (*other-wordly philosophies*) ou que afirmam como legítimas práticas que induzem ao ócio e ao lazer.

Portanto, o trabalho dos reformadores envolveria implantar uma visão de vida e uma educação em que a perspectiva experimental desestimulasse as atitudes favoráveis ao ócio. A nova educação deveria ainda combater a descrença na possibilidade do progresso material. [27]

As instituições que inibem a mudança de atitude, conforme o documento, são:

---

plantas de estufa da teoria ocidental para solos tropicais onde morte prematura as espera" (BOECKE apud HIGGINS, 1959, p.277).

[27] "... atitude científica ou experimental é uma das precondições do progresso. O maior progresso ocorrerá naqueles países em que a educação é difundida e onde ela encoraja uma perspectiva experimental. Mesmo onde as pessoas saibam que uma maior abundância de bens e serviços é possível, elas podem não considerar que isso valha o esforço. Falta de interesse em coisas materiais pode ser devida à prevalência de uma filosofia de apelos extraterrenos que desencoraja desejos materiais". (UNITED NATIONS, 1951, §§ 24 e 25).

a) os *governos instáveis*, ou *arbitrários*, porque não garantem a propriedade e os ganhos daqueles que se empenham;²⁸
b) as *formas de propriedade* (da terra, sobretudo) desfavoráveis à inovação, ao investimento, à eficiência e à mobilidade – o trabalho preso à terra ou a propriedade "comunal", por exemplo; e
c) as *discriminações* (de raças/etnias, de oportunidades etc.) que inibem ou mesmo *inviabilizam a iniciativa* de potenciais empreendedores e reduzem a mobilidade social, imprescindível para estimular a inovação.

Para a agenda dos líderes do país, cabe, portanto, todo um programa político – que parte da educação leiga e experimental, passa por uma reforma da estrutura agrária e chega à constituição de um Estado "moderno", aberto à mobilidade social (United Nations, 1951, § 38). A política econômica recomendada ao governo desses países é enérgica e exigente. E tais governos deverão *impor* a seus povos o progresso, já que ele "é impossível sem penosos ajustamentos". A agenda *destrutiva* é aterradora, um massacre cultural:

> Antigas filosofias têm de ser varridas; velhas instituições sociais têm de ser desintegradas: laços de casta, credo e raça têm de ser queimados; e grande número de pessoas que não pode acompanhar o progresso tem de ter suas expectativas de uma vida confortável frustradas. Pouquíssimas comunidades desejam pagar todo o preço do progresso econômico rápido. (United Nations, 1951, § 36).

---

²⁸ "Em primeiro lugar, os homens não gostam de fazer esforços quando não podem garantir o fruto de seus esforços. Então, pequeno progresso ocorrerá em países cujos governos são muito fracos para proteger a propriedade ou onde a desordem civil é endêmica. Nem há progresso onde os governos agem arbitrariamente requisitando a propriedade – como aconteceu no passado em frequentes campanhas militares" (UNITED NATIONS, 1951, § 28).

"Penosos ajustamentos", lembremos. E reparemos nos distintos horizontes de tempo em que vivem e agem líderes e liderados. Os líderes tomam decisões com base em um cálculo singular. Os parâmetros que têm ou devem ter para esse cálculo estão no futuro, só nele se realizam. Os súditos, porém, tendem a julgar e agir com base nos parâmetros em que efetivamente vivem. Com tal defasagem entre governo e povo, como já lembrava Stuart Mill, na metade do século XIX, o despotismo, ilustrado ou não, é não apenas possível e desejável, é quase imperativo.

A agenda *positiva* é também sobrecarregada. O despotismo ilustrado dos reformadores é algo difícil de obter. O documento começa por advertir que *o governo deve ser "eficiente e honesto"*, o que reputa particularmente difícil nos países subdesenvolvidos (United Nations, 1951, § 41). Além disso, as autoridades devem garantir as condições externas gerais imprescindíveis à existência de uma economia de mercado moderna: construção de estradas, meios de comunicação, redes de saúde e educação, institutos dedicados à informação e à pesquisa, implantação de indústrias públicas em setores pioneiros ou de lucratividade duvidosa, engendramento de instituições financeiras ágeis para captar e canalizar poupanças (United Nations, 1951, §§ 43-7).

Em um país subdesenvolvido, a lista de tarefas vai ainda mais longe do que aquela que já fora encetada pelos países avançados, com suas economias mistas. Inclui: uma política de reforma agrária que dê à propriedade da terra uma função social útil;[29] a padro-

---

[29] Aliás, o documento insinua a necessidade de liquidar classes inúteis ou parasitas: "Em muitos casos, necessita-se reforma mais radical do que uma legislação protegendo os arrendatários. Em muitos países subdesenvolvidos, os cultivadores do solo são explorados impiedosamente por uma classe de proprietários que não desempenham qualquer função social útil ... Em tais países, reforma agrária, abolindo esta classe de proprietários, é um urgente pré-requisito do progresso agrícola" (UNITED NATIONS, 1951, § 56).

nização compulsória de alguns produtos e de medidas de conservação do solo etc. (United Nations, 1951, §§ 55-9). Aliás, o documento insinua a necessidade de liquidar classes inúteis ou parasitas:

> Em muitos casos, necessita-se reforma mais radical do que uma legislação protegendo os arrendatários. Em muitos países subdesenvolvidos, os cultivadores do solo são explorados impiedosamente por uma classe de proprietários que não desempenham qualquer função social útil ... Em tais países, reforma agrária, abolindo essa classe de proprietários, é um urgente pré-requisito do progresso agrícola. (United Nations, 1951, § 56)

Inclui, sobretudo, robustecer o papel do Estado. É claro que, em tese, essas inovações eficientes poderiam ser provocadas por pressões sindicais, pela competição *ou* por ações do governo – diz o documento, para logo em seguida afirmar, porém, que, *em tais países*, as duas primeiras componentes são débeis. Seríamos levados a pensar, então, na terceira como alternativa imprescindível. E assim efetivamente é, já que o *Measures* relativiza a importância e mesmo a presença, nos países subdesenvolvidos, dos automatismos socioeconômicos alegadamente dinamizadores das economias avançadas. Afirma que, nesses casos, o sistema de preços pode não alocar de modo eficiente os recursos, seja porque os preços não refletem com eficácia os custos sociais reais, seja porque os empreendedores não "veem" a longo prazo, seja, ainda, porque é necessário impor, adiantadamente, certos controles interessantes à justiça social (United Nations, 1951, § 71). Lembremos o que se disse anteriormente: os reformadores calculam e decidem com base em sinais de custo e oportunidade que ainda não existem e os quais frequentemente contrariam aqueles que conduzem o comportamento dos liderados, mortais demasiado comuns para compreender o sentido das inovações.

Como se vê, portanto, poderíamos esperar em tais condições, e para cada um dos fatores mencionados, uma *agenda* estatal sobrecarregada. E é o que se verifica também ao se ler a parte do documento referente à "formação interna de capital". Menciona-se a taxação como instrumento destinado a esse fim. Ela reduziria de modo compulsório o consumo ou limitaria seu crescimento em níveis inferiores aos da produção, além de, eventualmente, confiscar os sobrelucros dos exportadores, por exemplo (United Nations, 1951, §§ 107-13). Mas há também uma curiosa digressão sobre o uso dos recursos ociosos (*Measures*, §§ 16-7), recursos que incluem ... os tempos livres: entre outras medidas, sugere-se induzir os usuários e a "comunidade" a construir, manter e reparar casas, estradas, escolas etc.

Essa gigantesca transformação exige pesquisa científica (geológica, agronômica, econômica etc.) e elaboração de sistemas de contas nacionais, que possam ser vigiadas (United Nations, §§ 194-7). Exige um governo vigoroso – deverá estimular sacrifícios, coesão social, solidariedade e paciência: "a situação fará enormes exigências quanto à *inteligência* no planejamento, *honestidade e habilidade* na execução e *disciplina* no interior da comunidade." (United Nations, 1951, § 284)

A defasagem governo/povo aparece, ainda uma vez, nessas qualificações. As superiores virtudes da inteligência, da honestidade e da habilidade cabem aos que planejam e deliberam. À comunidade receita-se disciplina. "Penosos ajustamentos".

Esses são os argumentos básicos do *Measures*. Não temos a vã pretensão de recompor em detalhe as tradições intelectuais a que remete. Mas uma delas é talvez a mais evidente, à qual podemos dizer que o documento de fato acena: Stuart Mill. No livro I, capítulos 7 e 13, de seus *Princípios*, o leitor encontrará exatamente os temas do documento da ONU que sintetizamos. Há motivos para supor que a correspondência não é casual.

Não se trata apenas da filiação doutrinária ou formação acadêmica dos especialistas que assinam o documento – caso de Lewis, por exemplo. O fato é que a "sistematização" efetuada por Stuart Mill na teoria clássica incluía, de fato, inovações "reformadoras" que pretendiam destacar (ou admitir como decisivas para a análise e para a política econômica) fatores *institucionais* ou extraeconômicos evidenciáveis pela reflexão histórica ou pela "etologia", ciência dos "caracteres", cujo nascimento Mill reclamava. O *Measures* era desafiado, como fora Mill, a examinar países e regiões que não constavam privilegiadamente dos temas eleitos pela tradição Smith/Ricardo. Por isso, deveria estar atento a fatores que, lembrando o comentário de Marx sobre as limitações da economia política clássica, explicassem não apenas como se produz *nas* relações capitalistas, mas também sobretudo como se produzem *as* relações capitalistas.

O exercício que fazemos logo a seguir parece útil para evidenciar essas convergências. Reproduzimos, ainda que longas, as estratégicas passagens do tratado de Mill,[30] convenientemente sinalizadas, em tópicos, pelos temas do *Measures* já resenhados:

a) *Measures*: a existência de um governo instável ou arbitrário não garante a propriedade daqueles que se esforçam. Pelo contrário, coloca-a sob permanente ameaça. Desestimula, portanto, os empreendedores e incita à sonegação. Mill:

> Entre as causas secundárias que determinam a produtividade dos agentes de produção, a mais importante é a segurança. Por segurança eu entendo a proteção completa que a sociedade proporciona a seus membros. Esta consiste na proteção por parte do

---

[30] A seguir, citamos pela trad. brasileira, publicado pela Coleção Economistas, da Nova Editora, em 1983.

Governo, e na proteção contra o Governo. A última é a mais importante. Onde se sabe que alguém possui qualquer coisa que valha a pena ser levada e a pessoa nada mais pode esperar senão que essa coisa lhe seja arrebatada, com todas as características de violência de uma tirania, por agentes de um Governo voraz, é improvável que seja grande o número dos que se empenham em produzir o que vai além dos artigos de primeira necessidade. Em muitas províncias da França, antes da Revolução, um sistema viciado de tributação sobre a terra e ainda mais a ausência de indenização contra as cobranças arbitrárias que eram feitas à guisa de impostos fizeram que todo agricultor tivesse interesse em parecer pobre, e, portanto, cultivasse mal a terra. (Mill, 1983, v.I, p.113)

b) *Measures*: as discriminações (de raça, oportunidade etc.) inviabilizam a emergência de potenciais empreendedores, estagnando a sociedade. Mill:

Todas as leis ou usos que favorecem uma classe ou um tipo de pessoas em detrimento de outros, que agrilhoam os esforços de qualquer segmento da comunidade na busca de seu próprio bem ou se intrometem entre esses esforços e seu frutos naturais, constituem (independentemente de todos os outros motivos de condenação) violações dos princípios fundamentais da política econômica, tendendo a fazer que o conjunto das forças produtivas da comunidade produzam efetivamente menos do que de outra forma produziriam. (Mill, 1983, v. I, p.114)

c) *Measures*: a formação interna de capital encontra obstáculos estruturais, de natureza "objetiva" (carência de poupança capitalizada) ou "subjetiva" (debilidade das propensões à invenção, ao empenho etc.). Nesse caso, é preciso aumentar o *trabalho* e estimular o *desejo* de enriquecer. Mill:

A ECONOMIA DO DESENVOLVIMENTO NOS "25 GLORIOSOS"... 77

Em países em que o princípio da acumulação é tão fraco quanto nas várias nações da Ásia, onde a população não quer poupar nem trabalhar para conseguir os meios de poupar, a não ser que haja o estímulo de lucros extraordinariamente elevados, e nem mesmo então, se para isso for necessário esperar muito por tais retornos, em que a produção permanece escassa ou a dureza do trabalho permanece grande, porque não aparece capital nem há previdência suficiente para adotar as invenções que fazem que os agentes naturais realizem o trabalho da mão de obra humana, o *desideratum* para tais países, do ponto de vista econômico, é um aumento do trabalho e do desejo efetivo de acumular. (Mill, 1983, v.I, p.171)

d) *Measures*: para isso, é fundamental a criação de regras ao mesmo tempo estáveis e inovadoras, que sinalizem com segurança os caminhos da sociedade econômica. Mill:

Os meios para isso são: em primeiro lugar, um Governo melhor: segurança mais plena para a propriedade, impostos moderados e imunidade de cobranças arbitrárias sob o nome de tributos; além disso, uma ocupação mais permanente e mais vantajosa da terra, que assegure ao cultivador, na medida do possível, os benefícios integrais do trabalho, da habilidade e da economia que ele possa exercer. (Mill, 1983, v.I, p.171)

e) *Measures*: deve-se reprimir aquilo que no documento da ONU aparece com o nome de *other-wordly philosophies* e devem ser destruídos os valores que induzem ao ócio. Mill:

Em segundo lugar, elevar o nível intelectual da população: a cessação de usos ou superstições que opõem obstáculo ao emprego eficiente do trabalho, e o aumento da atividade mental, fazendo o povo despertar para novos objetos de desejo. (Mill, 1983, v.I, p.171)

f) *Measures*: a intervenção estrangeira, civilizadora, provocaria o necessário choque entre novo ritmo de acumulação e atitudes sociais (retrógradas) dominantes. Mill:

> Em terceiro lugar, a introdução de técnicas de fora, que fazem aumentar os retornos que se podem obter de capital adicional, e isso a um ritmo correspondente à reduzida força do desejo de acumular; além disso, a importação de capital estrangeiro, fazendo que o aumento da produção não mais dependa exclusivamente da poupança ou da previdência dos próprios habitantes, colocando ao mesmo tempo diante deles um exemplo estimulante, inculcando novas ideias e rompendo as algemas do hábito, se não melhorando a condição efetiva da população, tende a criar neles novas necessidades, mais ambição e mais preocupação com o futuro. (Mill, 1983, v.I, p.171)

O "povo de um país deve desejar o progresso" e suas instituições devem estimular esse apetite – afirmava o *Measures*. Se as atitudes sociais em vigor no país emperram o progresso, temos duas grandes alternativas. A primeira é colocar tais indivíduos e atitudes fora de combate, no terreno político – isto é, impor um regime político que imunize os dinamismos econômicos diante desses comportamentos e instituições sociais retrógrados. A segunda alternativa é tentar modificar esses comportamentos em si mesmos.

No texto de Stuart Mill, a produtividade depende da garantia da posse sobre a riqueza atual e, principalmente, sobre o excedente que se viria a produzir, isto é, sobre o futuro. Daí a importância de regras tributárias que não induzam à indolência (cultivar mal a terra) ou à sonegação (o parecer pobre). Assim, o sistema político e social despótico, *porque* arbitrário ou instável, é fator de emperramento da produção, uma vez que propicia a ocorrência dessas atitudes sociais retrógradas.

A discriminação corporificada em lei é também um fator de desestímulo. A educação generalizada, o banimento das superstições, o estímulo aos desejos materiais e a intervenção do capital estrangeiro romperiam as "algemas do hábito", como queria Stuart Mill. Fariam, enfim, desejar o progresso, como prega o *Measures*.

2.5 W. A. Lewis, a adequação dos meios e a intervenção sobre os fins

Em um exercício retrospectivo e autobiográfico,[31] W. A. Lewis aponta como sua principal contribuição à economia do desenvolvimento um artigo que publicara, em maio de 1954, sobre o dualismo estrutural das economias subdesenvolvidas.[32] De fato, o impacto desse texto é nada desprezível.[33] Mas é em livro do mesmo ano (dois meses depois) que encontramos uma reflexão sistemática e ambiciosa sobre o tema, um trabalho com a embocadura e a pretensão de um tratado: *A teoria do desenvolvimento econômico*.[34] Pode-se mesmo dizer, como tentaremos indicar mais adiante, que o tema do artigo é parte dessa teoria.

A pretensão do estudo é a de reconsiderar, em outros tempos, mas com a mesma ambição dos clássicos, aquilo que causa a riqueza das nações. Lewis lembra que a última tentativa sistemática, nesse sentido, tinha sido feita por Stuart Mill, mais de cem anos antes.

---

[31] Em Breit; Spencer, 1995, p. 14.
[32] "O desenvolvimento econômico com oferta ilimitada de mão de obra", reimpresso em AGARWALA; SINGH, 1969.
[33] É possível rastrear, por exemplo, sua presença nas análises de autores cepalinos como Celso Furtado e Raul Prebisch.
[34] Publicado no Brasil pela Zahar, Rio de Janeiro, em 1960 (Lewis, 1960).

Logo no primeiro capítulo, em que se colocam os termos do debate, Lewis define como "causas imediatas do desenvolvimento" (causas que, por sua vez, diz ele, têm causas também): a) o esforço para economizar; b) a aplicação de conhecimento;[35] e c) o capital.

Definidas essas causas, um segundo estágio da análise deve ir além delas, isto é, deve desvendar aquilo que as condiciona. Trata-se de perguntar, enfim, por que essas causas operam mais em algumas sociedades e menos em outras. Pergunta-se, então: "Qual é o ambiente mais favorável à eclosão dessas forças que promovem o desenvolvimento?"(Lewis, 1960, p.14). A pergunta é recolocada e desdobrada, de modo a permitir que se monte a equação que a deslinde: a) Quais instituições favorecem o crescimento?; b) Quais delas são hostis ao esforço, à inovação, ao investimento (outros nomes para as três causas imediatas, como se vê)?; c) No reino das crenças e dos móveis das escolhas humanas, quais as circunstâncias que "fazem uma nação criar instituições favoráveis, e não desfavoráveis, ao crescimento"? (Lewis, 1960, p.14).

Trata-se de uma reflexão sobre as possibilidades de futuro condicional: como se *caminharia* para chegar ao desenvolvimento (que, em princípio, parece ter um rosto definido)? E ela é, em grande medida, orientada pela análise dos caminhos já trilhados, um pretérito perfeito: Como se *caminhou* para chegar ao desenvolvimento? Aparentemente, o exame do contraste – entre os que *já* chegaram e aqueles que *ainda não* fizeram o percurso, sequer o

---

[35] Lewis não se refere apenas ao conhecimento das chamadas ciências da natureza, mas, também, ao conhecimento que se produz sobre os fatos sociais. "O crescimento depende tanto de saber como administrar organizações em grande escala, ou de criar instituições que favoreçam o esforço para economizar, como ainda de saber selecionar novos tipos de sementes, ou construir maiores represas" (LEWIS, 1960, p. 207).

iniciaram – permitiria edificar o que o título do tratado promete: uma teoria do desenvolvimento. Lições para aprendizes.

Com relação a essa questão capital, o alentado estudo – rico em digressões e temas paralelos – parece ter dois momentos privilegiados. Um deles é o segundo capítulo, devotado à análise da "vontade de economizar". O outro, também no terreno estratégico das vontades, é o apêndice, com o sintomático título: "É desejável o desenvolvimento econômico?".

Entre os três critérios que Lewis aponta como centrais para distinguir a sociedade, dois deles giram em torno dos temas-chave indicados em nosso parágrafo anterior: vontade, desejo, inclinações. As sociedades distinguem-se, diz Lewis, pelas diferenças nas oportunidades que surgem para elas e seus membros. Mas, acrescenta: elas contrastam, também e com mais força, por outros dois critérios: a) "diferenças no valor que se dá aos bens materiais em relação ao esforço necessário para obtê-los"; e b) diferenças no "grau em que as instituições animam o esforço" (Lewis, 1960, p.29).

A investigação sobre essas diferenças permitiria localizar pontos nos quais agir para mudar, objeto da teoria proposta (e da política que, aparentemente, dela decorre). Assim, desde logo e para esse fim, o autor apresenta uma longa discussão sobre o ascetismo, os horizontes limitados e a ignorância, como fatores que limitam o desejo de possuir bens.

Mas há um fator estratégico para localizar esses pontos nevrálgicos: "onde as sociedades diferem fundamentalmente é naquilo que os ricos fazem com a riqueza, e a que fontes de riqueza se liga o prestígio" (Lewis, 1960, p.34).

Ora, como dissemos, parte decisiva do livro – que se relaciona com a afirmação imediatamente anterior – está no apêndice, que faz a seguinte pergunta, em grande parte retórica: "É desejável o desenvolvimento econômico?".

A pergunta justifica-se (ou é justificada por Lewis) pela afirmação, aparentemente banal, de que o desenvolvimento tem custo. Desse modo, sua aceitação não é evidente, incontroversa e pacífica. Ela "depende".

Entre as sociedades, indivíduos ou grupos reticentes, haverá, por exemplo, quem julgue que "as atitudes e as instituições necessárias ao desenvolvimento econômico são indesejáveis em si mesmas; preferem as atitudes e as instituições próprias às sociedades estáveis" (Lewis, 1960, p.545).

No entanto, quais são as instituições necessárias ao desenvolvimento econômico? E por que podem ter essa dupla identidade (vícios que aparecem como virtudes, virtudes que aparecem como vícios)?

Lewis aponta algumas das instituições e alguns dos valores de dupla identidade ou dupla imagem (Lewis, 1960, p.545-52). O espírito de poupança, por exemplo: pode ser uma virtude, mas pode também ser visto, negativamente, como manifestação de excessivo "materialismo" ou de perversa "cobiça". O individualismo, por um lado apresentado e visto como manifestação da independência, da autonomia e da liberdade, pode, por outro, ser encarado como egoísmo e desconsideração pelos outros, descaso para com o bem coletivo. A produção em grande escala e os ganhos daí resultantes, que prometem libertar o homem de tantos limites, ao mesmo tempo o ameaçam com a imposição da disciplina, da alienação, do gigantismo e da concentração de poder. A desigualdade das rendas – estimulante essencial à competição, à corrida para acumular – é também signo de injustiça moral e instabilidade política. A própria confiança na razão pode ter seu lado negro não apenas pelo motivo sugerido na gravura de Goya, em que "os sonhos da razão produzem monstros", mas pelo bom e simples motivo de promover o agnosticismo e abalar o respeito pela autoridade, que passa a ser submetida, sempre e de modo incômodo, a uma espécie de dúvida metódica.[36] Como se vê, a passagem para um mundo social aberto e inclinado ao desenvolvimento é muito mais do que uma transição linear e uma questão de grau para a sociedade que o deseja e, portanto, para ele se move. É um salto sobre um muro divisório, o muro que divide avaliações sobre os temas citados no parágrafo anterior. Escolha de vida.

Por isso, diz Lewis, quando se procura introduzir desenvolvimento econômico em sociedades estagnadas, surgem problemas muito especiais, muito próprios e muito distintos daqueles que temos nos países já desenvolvidos, aqueles que já transpuseram o muro. Os problemas dizem respeito a uma operação complexa, uma operação que *muda a identidade* da sociedade em tela, já que registram:

1. Mudanças nos hábitos de trabalho (e de lazer) das pessoas (e na própria definição de trabalho e lazer).
2. Mudança nas relações sociais (passagem de sociedades baseadas no *status* e na estabilidade para aquelas apoiadas no contrato,[37] no desempenho e na mobilidade).

---

[36] Esse tipo de incômodo, como se sabe, já havia sido percebido pelos fundadores do individualismo moderno. Assim, por exemplo, no terreno das decisões práticas, Descartes prefere colocar em suspenso a ação paralisante da dúvida e adotar uma "moral provisória" largamente apoiada nas conveniências e nos hábitos dominantes. Ainda que mais controversa, tal interpretação pode ser estendida à decisão kantiana de colocar lado a lado, e com iguais direitos, uma razão pura teórica inquiridora e uma razão prática que dela independe. É conhecida a ironia de Nietszche a esse respeito: Kant seria o poderoso gorila que, rompendo as barras de sua jaula, volta, deliberadamente, para dentro dela.

[37] O confronto *status*/contrato é referência óbvia a H. Maine.

3. Mudança na escala dos valores morais: "A nova sociedade possui código diferente. A boa conduta numa sociedade será má em outra". (Lewis, 1960, p.555)

O "caso" da "oferta ilimitada de mão de obra" parece ser, como dissemos, um capítulo aplicado da teoria do desenvolvimento de Lewis, um de seus teoremas de segunda ordem. Eis seu ponto de partida:

> há ilimitada oferta de trabalho nos países onde a população é tão numerosa em relação ao capital e recursos naturais, que existem amplos setores da economia em que a produtividade marginal do trabalho é ínfima, nula ou mesmo negativa. (Agarwala; Singh, 1969, p.408[38]

Trata-se, em suma, de um caso especial de emprego ineficiente dos recursos (incluindo o tempo) e do que se chamava e ainda se chama desemprego disfarçado. Nesse quadro socioeconômico, que não promete muito em termos de eficiência e crescimento, o que se poderia fazer? Lewis procura outro ângulo para equacionar o problema:

> O problema central da teoria do desenvolvimento econômico é a compreensão do processo pelo qual uma comunidade que anteriormente não poupava nem investia mais que 4% ou 5% de sua renda nacional, ou ainda menos, transforma-se numa economia em que a poupança voluntária se situa por volta de 12% ou 15% da renda nacional, ou mais. Este é o problema central, porque a questão

---

[38] Como dissemos, "O desenvolvimento econômico com oferta ilimitada de mão de obra" foi originalmente publicado em 1954 e reimpresso em AGARWALA; SINGH, 1969.

A ECONOMIA DO DESENVOLVIMENTO NOS "25 GLORIOSOS"... 85

principal do desenvolvimento econômico é a rápida acumulação de capital (incluindo aí os conhecimentos e as especializações). (Lewis, 1960, p.422)

Ampliar margens de poupança e de investimento, acumular capital: repare-se que capital é aqui entendido como estoque de recursos e dispositivos (incluindo os conhecimentos) e não como relação social de apropriação/expropriação, apropriação/exclusão. Poupança, investimento, acumulação de capital são meios, mas são, também, metas que demandam outros meios. Meios que transcendem o universo estritamente econômico, envolvendo a geração, na sociedade, de uma nova correlação de forças e de uma nova legitimação de poder e riqueza. Concentrar riqueza nas mãos de certos grupos, deslocá-la de outros. Gerar tais indivíduos e gerar/estimular as propensões conducentes à inovação, ao investimento: "O problema central do desenvolvimento econômico é que a distribuição da renda se altera em benefício da classe poupadora" (Lewis, 1960, p.423). Por isso, "o melhor que pode ocorrer com o dinheiro adicional é que vá para as mãos daqueles que voltarão a investi-lo produtivamente" (Lewis, 1960, p.434). Volta-se à questão mencionada na *Teoria*: "onde as sociedades diferem fundamentalmente é naquilo que os ricos fazem com a riqueza, e a que fontes de riqueza se liga o prestígio" (Lewis, 1960, p.34).

Mas isso significa reestruturar a sociedade inteiramente, conforme as propensões que a teoria julga conveniente para produzir desenvolvimento:

> As classes mercantis provavelmente utilizariam [o dinheiro adicional] para especular, principalmente com as mercadorias que começam a escassear. A classe média compraria sobretudo automóveis americanos ou faria viagens à Europa, obtendo de algum modo as divisas estrangeiras. Os camponeses deveriam utilizá-lo

para melhorar suas terras, mas, provavelmente, a maioria o utilizaria somente para liquidar dívidas ou para comprar mais terras. Não há realmente senão uma classe que certamente voltará a investir seus lucros de modo produtivo e é esta a classe dos industriais. Assim, os efeitos da inflação sobre a formação secundária de capital dependem, em primeiro lugar, do tamanho da classe industrial e, em segundo, de irem os lucros parar, em grande medida, nas mãos dessa classe. (Lewis, 1960, p.434)

Em outro ponto, como dissemos, Lewis sublinha a relevância, para o salto desenvolvimentista, do crescimento da poupança voluntária. Nesse caso, se não se pretende ir contra aquilo que é "voluntário", deve-se alterar sua alma, isto é, as vontades. Se não se quiser fazer que os homens façam o que não querem (o que, ademais, poderia ser impossível ou contraproducente, no longo prazo), então é preciso fazer que queiram aquilo que é conveniente. Mais acertadamente, que tenham poder de decisão aqueles que querem o que é certo e conveniente.

O nosso geômetra do desenvolvimento poderia aqui inserir seu "como queríamos demonstrar". O artigo é, assim, corolário da *Teoria*.

2.6 W. W. Rostow e a decolagem para a modernidade

Rostow tinha americaníssimos prenomes (Walt Whitman) em tudo coerentes com sua admiração por aquilo que julgava ser a excepcionalidade e o destino manifesto dos Estados Unidos, isto é, exibir ao mundo o retrato da modernidade (e, portanto, do futuro a ser perseguido pelos demais povos) e fomentar a realização desse ideal com todos os instrumentos que fossem necessários.

Filho de russos imigrados, brilhante estudante de Yale, Rostow navegou toda sua vida entre a ação política, como consultor e assessor do governo norte-americano, e a atividade de pesquisador, divulgador e fomentador de *think tanks* e centros de pesquisa, como o Centro de Estudos Internacionais (CIS), no Instituto Tecnológico de Massachusetts (MIT).[39] Ousaria dizer, antecipadamente, que sua reflexão sobre esse tema – o perfil da modernidade e os modos de desenhá-lo em cada canto do globo – pode ser colocada entre dois parâmetros: as teorias econômicas da inovação em marcha forçada e do *big push* (como a de Rosenstein-Rodan, seu colega no MIT/CIS) e a doutrina parsoniana das variáveis dicotômicas (tradicional *versus* moderno). A rigor, os "cinco estágios" de Rostow podem ser pensados nessa dicotomia. Os três estágios intermediários constituem uma "transição" entre dois tipos polares, a velha ordem e a nova, aquela que se pretende construir. Os três momentos são passagens, não propriamente estados. A transição decisiva na história de uma sociedade é o *take-off*, movimento crucial em que a escala da atividade econômica atinge um nível crítico e promove mudanças amplas, estruturais, qualitativas, na economia e na sociedade em geral.

São muitas e conhecidas as interpretações históricas baseadas no escalonamento de etapas ou estágios – com a pretensão, declarada ou não, de autorizar modelos normativos. Adam Smith e seu rival germânico, List, adotaram modelos analíticos fortemente

---

[39] A própria história da criação e afirmação do CIS também tem esse caráter "anfíbio". Max Millikan, um de seus criadores (com Rostow) fora diretor da CIA e um dos organizadores do projeto Troy, voltado para a disputa com os soviéticos no terreno das telecomunicações (interferências russas na transmissão da Voz da América). Troy está nas origens do CIS, que se instala como centro de pesquisas acadêmicas aplicadas no MIT. Nesse período, diversos centros universitários norte-americanos passaram por experiência semelhante. O episódio é relatado em Gilman, 2003, p.157.

ancorados nesse tipo de reconstituição – reconstituição que ocupa grande parte de seus principais tratados. Desde seus trabalhos de juventude, Marx e Engels sugeriam a famosa sequência dos cinco modos de produção, que seria transformada em uma cama de Procusto por Stalin e pelo marxismo ortodoxo. Mas, mesmo em obra de maturidade, no prefácio de *O capital*, figura a ideia de "espelho" fornecido aos países atrasados por aqueles que já se haviam adiantado no processo de desenvolvimento capitalista. Marx, como se sabe, qualificou e moderou essa afirmação em vários momentos; seus seguidores, nem tanto. Rostow (1969), de certo modo, elabora o "estalinismo capitalista". Não por acaso, seu famoso livro sobre *As etapas do crescimento econômico* tem como subtítulo: "um manifesto não comunista".

Também é conhecido e já bastante discutido o problema dos estudos sobre superação do subdesenvolvimento derivados desse enquadramento teórico e da subsequente identificação dos "fatores", "condições iniciais" e "obstáculos" ao desenvolvimento, isto é, à passagem pelas "etapas".

O procedimento especular é conhecido. Toma-se um modelo de sociedade e o caminho que se percorreu para chegar a ele. Relaciona-se uma série de fatores que parecem explicar a "modernização" ou o "desenvolvimento". Compara-se com a sociedade subdesenvolvida, localizando-se, a partir daí, os fatores ausentes e os obstáculos, a eles atribuindo a causa do não desenvolvimento.

Útil como possa ser o exercício – e certamente foi –, ele não nos deve ocultar seus problemas, incluindo o quanto condiciona e limita a imaginação na escolha de caminhos, políticas, mas também de modelos e *end-states*, projetos. O procedimento corre o sério risco de reduzir e até eliminar a possibilidade de visualizar outros destinos e modelos – ou outros caminhos para chegar a eles. Tanto no que diz respeito a estados finais quanto no que diz respeito a caminhos, esse tipo de raciocínio toma "aquilo que foi" como "aquilo que pode ser", aquilo que é objetivamente possível, e, logo em seguida, como "aquilo que *deve* ser". Desse modo, parafraseando Merleau-Ponty, à Providência necessariamente se acopla uma Inquisição.

Houve quem percebesse tal risco, desde o nascimento desse campo de estudos sobre o subdesenvolvimento. Alguns acentuaram o limite com mais insistência – Albert Hirschman e Gershenkron talvez sejam os casos mais conhecidos. Mas até os teóricos mais afinados com a teoria da modernização volta e meia reconheciam o perigo – ainda que de passagem. Veja-se, por exemplo, este comentário de Wilbert Moore, que vale citar, ainda que longo, por seu caráter modelar:

> O que o futuro impõe ao presente para as áreas em desenvolvimento é uma semelhança, mas não uma réplica. A suposição de uniformidade entre as sociedades pró-modernas deve ignorar as inúmeras diferenças ou considerá-las basicamente inconsequentes. Deve também sujeitar-se aos perigos do erro sociológico, ignorando toda sorte de correntes cruzadas na história das sociedades coloniais e outras que tenham experimentado várias influências externas durante vários períodos de tempo. Contudo, costuma-se argumentar que essas variações, mesmo que significativas sob outros aspectos, desgastam-se sob a influência homogeneizadora de um conjunto compacto e uniforme de exigências impostas pela modernização econômica. Feldman e Moore apresentaram argumentos contrários a este ponto de vista, sustentando que a maneira pela qual os obstáculos à modernização são vencidos não só afeta o curso da mudança social durante um período intermediário, como também deixa um resíduo permanente na estrutura social, consequência das medidas adotadas para a solução do problema. Se, por exemplo, as terras mal utilizadas nas grandes propriedades, como as *haciendas* da América Latina, criam descontentamento político,

assim como baixos níveis de redução agrícola, as medidas de desenvolvimento cedo ou tarde incluirão uma reforma agrária, cujo tipo terá consequências duradouras para a distribuição da renda, a formação de capital e o recrutamento de mão de obra. Embora esses exemplos possam ser considerados uma atenção tediosa e alheia, seu significado é algo mais profundo, pois eles exercem pressão sobre importante problema teórico (e prático) no mundo contemporâneo, a saber, o grau em que as sociedades "adiantadas" estão se tornando parecidas. (Moore, 1968, p.28)

2.6.1 Big Push e Take-off

Dissemos anteriormente que o arrazoado de Rostow tem importante interface com as reflexões de seu colega de CIS-MIT, Rosenstein-Rodan, que deixou muitas marcas nesse campo disciplinar.[40] Em 1943, escreveu um famoso e influente artigo sobre os "problemas de industrialização da Europa Oriental e sul-oriental" (Agarwala & Singh, 1969, p.251-62).[41]

Nesse opúsculo, o economista polonês identifica dois caminhos para a industrialização dessa área deprimida: autarquia e integração (subordinada) na divisão internacional do trabalho (mais especificamente, integração na Europa). De imediato, acentua-se o caráter deliberado e politicamente administrado do processo, que nada tinha de automático:

---

[40] Rosenstein-Rodan nasceu na Polônia e migrou para a Inglaterra, depois para os Estados Unidos. Trabalhou na London School of Economics, de 1931 a 1947. Em seguida, no World Bank e no Massachusetts Institute of Tecnology (1953-1968).

[41] Republicado in AGARWALA; SINGH, 1969 – versão que utilizamos para citar.

Para uma bem-sucedida industrialização das áreas internacionais deprimidas, torna-se necessário um ambiente institucional diferente do atual ... o conjunto industrial a ser criado deve ser tratado e planejado como grande empresa ou truste. (Rosenstein-Rodan, 1969, p.254)

Os passos fundamentais para engendrar a mudança são desenhados na prancheta do projetista: a) treinar e habilitar mão de obra; b) criar, com cuidadoso plano, um sistema de indústrias complementares (o que reduziria tanto os custos quanto a eventual insuficiência de procura). De fato, o que Rosenstein-Rodan propõe é um autêntico modelo de integração continental administrado pelo TIEO (Truste Industrial da Europa Oriental), fazendo que países credores recebam exportações da Europa Oriental (artigos de indústria leve e produtos alimentares elaborados, em vez de cereais) que pagariam os riscos e os custos do investimento necessário para a industrialização. As indústrias criadas na região deprimida (e candidata ao salto) teriam de ser, portanto, fundamentalmente exportadoras (Rosenstein-Rodan, 1969, p.259).

Mais tarde, já no fim da década de 1950, Rodan redigiria seu também famoso e influente "Notas sobre a teoria do grande impulso".[42] Nele, argumentos do artigo anterior são então ampliados e generalizados.

Nessa segunda exposição, Rosenstein-Rodan sustenta o argumento do "nível mínimo" de recursos para que um programa de desenvolvimento tenha êxito. A metáfora do *take-off* é explicita-

---

[42] "Notas sobre a teoria do grande impulso" foi impresso em Ellis; Howard, 1964. O livro, contudo, remete a evento muito anterior, promovido, no Rio de Janeiro, em 1957, pela Associação Econômica Internacional. O texto apresentado por Rosenstein-Rodan é seguido de revelador comentário de Celso Furtado, apontando as muitas concordâncias que tinha com o expositor.

mente mencionada.[43] A base da argumentação está no reconhecimento de "indivisibilidades básicas", que geram rendimentos crescentes e economias externas:

a) indivisibilidade na função de produção (concentração de capital), sendo que a indivisibilidade de capital social fixo é o caso mais importante (indústrias básicas, como energia, transporte, comunicações, que devem preceder a um rendimento mais rápido dos investimentos diretamente produtivos). A dimensão mínima do investimento é grande desde o começo;
b) indivisibilidade da procura (ou complementaridade da procura); e
c) indivisibilidade na oferta de poupanças – necessidade de alto volume de poupanças já no momento em que se deflagra o processo.

Contrariando a famosa declaração de Alfred Marshall, Rosenstein-Rodan enfatiza que desenvolvimento é salto, ruptura deliberada e provocada, não mudança gradual e automática.

Se a metáfora do *take-off* é utilizada por Rosenstein-Rodan, ela é o refrão predileto de Rostow e constitui, em certa medida, o seu selo identificador. A literatura do campo é marcada pelo termo e não consegue mencioná-lo sem se referir a Rostow. A ideia vinha sendo por ele elaborada desde o início dos anos 1950 e, no meio da década, surge já bastante amadurecida em artigo[44] dedicado

---

[43] Por documento do CIS-MIT denominado "The Objectives of United States Economic Assistance Programs" (1957).
[44] "A decolagem para o desenvolvimento autossustentado", reimpresso em AGARWALA; SINGH, 1969, edição que utilizamos para referências ao artigo de Rostow.

exatamente a explorar o modelo. Esse artigo constituirá, em boa medida, o quarto capítulo do já mencionado livro sobre As etapas do crescimento econômico. Rostow enuncia claramente o ponto de partida no "caminho" a ser trilhado pela sociedade em transformação:

> Partimos de uma sociedade tradicional e razoavelmente estável que possui economia essencialmente agrícola, que utiliza métodos de produção mais ou menos fixos, que poupa e investe produtivamente pouco mais do que é necessário para cobrir a depreciação. (Rostow, 1969, p.163)

Para chegar ao fim desejado, isto é, à sociedade moderna e de consumo de massa, o *take-off* requer três condições interligadas: 1) aumento significativo da taxa de investimento (de 5% para 10% da renda nacional); 2) emergência de setores industriais (assim como de comunicações e serviços) relevantes e com alta taxa de crescimento; e 3) emergência de instituições (políticas, sociais, culturais) que reflitam tal impulso expansivo, dando a ele um caráter contínuo, sustentado.[45]

O início da decolagem é o momento dramático – perigoso. Há nele muitas tentações, como aquelas agitadas pelos comunistas, que Rostow menciona, constantemente, como potenciais beneficiários de vulneráveis países do Terceiro Mundo. Como ocorre a decolagem? Ocorre com base em forte e determinado estímulo, diz ele, proveniente de revolução política, inovação tecnológica ou mudança significativa (favorável ou desfavorável) no ambiente internacional. Dados esses estímulos, contudo, um elemento é essencial

---

[45] ROSTOW, 1961, cap. IV, p.60-61, principalmente; AGARWALA; SINGH, 1969, p.170.

para que os procedimentos de decolagem sejam iniciados pela tripulação: que ela queira voar. Nesse sentido, diz ele:

> Geralmente, vinda de fora da sociedade, mas às vezes como resultado de sua própria dinâmica, surge a ideia de que o progresso econômico é possível. Esta ideia se propaga entre a elite conservadora ou, mais frequentemente, entre algum grupo desprivilegiado, cuja falta de posição não impede, no entanto, o exercício de alguma iniciativa econômica. (Rostow, 1969, p.163)

Mas, como diria conhecida canção popular brasileira, um desejo só não basta:

> As mudanças de método iniciais exigem que algum grupo da sociedade queira e tenha autoridade para instaurar e difundir as novas técnicas de produção; a manutenção do processo de crescimento exige que essa liderança amplie sua autoridade e que a sociedade, como um todo, responda aos impulsos criados pelas transformações iniciais, inclusive as possibilidades de economias externas. É provável que as transformações iniciais na dimensão e direção das correntes financeiras impliquem o controle das correntes de renda por grupos ou por novas instituições; além do mais, a manutenção do crescimento exige que seja empregada em investimentos produtivos uma proporção elevada de incremento à renda real durante o período de decolagem. Essa exige, portanto, uma sociedade disposta a corresponder ativamente às novas possibilidades de empresas produtivas; sendo também provável que exija transformações políticas, sociais e institucionais que manterão o aumento inicial da escala de investimento e concorrerão para a aceitação e absorção normal das inovações. (Rostow, 1969, p.160)

Rostow – e não apenas ele, como vimos no item dedicado a Lewis – repete com insistência a ideia de que o desenvolvimento

A ECONOMIA DO DESENVOLVIMENTO NOS "25 GLORIOSOS"... 95

econômico só resulta possível com transferência de renda daqueles que gastam (entesouram ou emprestam) menos produtivamente para aqueles que gastam (ou emprestam) mais produtivamente:

A renda acima dos níveis mínimos de consumo, grandemente concentrada nas mãos dos que detêm a posse de terras, há de passar às mãos dos que a gastarão em estradas de rodagem e de ferro, escolas e fábricas, ao invés de em casas de campo e empregados, adereços pessoais e templos. (Rostow, 1961, p.35)⁴⁶

A mudança das atitudes e das orientações para a ação social é decisiva:

O ponto de vista acerca da procriação – inicialmente a bênção residual e afirmação de imortalidade em uma vida árdua, de horizontes relativamente fixos – tem de modificar-se de forma a acabar ocasionando um declínio da taxa de natalidade, à proporção que a possibilidade de progresso e a redução da necessidade de mão de obra rural não especializada criam um novo modo de encarar as coisas ...

Os homens devem passar a ser estimados na sociedade não segundo seu clã ou classe, ou mesmo sua guilda, mas pela capacidade individual para desempenhar certas funções específicas, cada vez mais especializadas.

E, acima de tudo, deve ser difundido o conceito de que o homem não precisa olhar seu meio físico como fator praticamente dado pela Natureza e pela providência, porém como um mundo ordenado que, se racionalmente compreendido, pode ser manejado de sorte a dar lugar a mudanças produtivas e, pelo menos em uma dimensão, progresso. (Rostow, 1961, p.35)

---

⁴⁶ Ver ainda ROSTOW, 1969, p.180; 1961, p.41 e 70.

Trata-se de uma qualificação do processo de decolagem – a afirmação de seu caráter fundamentalmente político, com transformações que ocorrem no conjunto da sociedade, em seu próprio projeto civilizatório. Isso aparece com notável clareza em curioso diálogo que Rostow mantém, simuladamente, com o que chama "um moderno economista à moda antiga".

Esse economista imaginário expõe, como alternativa à teoria rostowiana do *take-off* e da transição da sociedade tradicional para a moderna, uma reflexão estritamente econômica, a respeito de alterações nas taxas de investimento e no estoque de capital *per capita*, com as consequências previsíveis no restante do sistema econômico (culminando com o incremento regular de produção *per capita*) (Rostow, 1961, p.36-7).

Rostow, retoricamente, aceita as ponderações do contendor, mas, em seguida, muda inteiramente o campo da disputa e dispara:

> Mas, para elevar a taxa de investimento, alguns membros da sociedade hão de estar em condições de manipular e aplicar – em um sistema fechado deverão ser capazes de criar – a ciência moderna e valiosas invenções passíveis de reduzir os custos. Outros homens dessa sociedade devem estar aptos a suportar a tensão e os riscos da liderança para conduzir produtivamente o fluxo de invenções disponíveis para o estoque de capital. Outros ainda têm de estar preparados para emprestar seu dinheiro a longo prazo, com grande risco, a fim de patrocinar os homens de empresa inovadores – não emprestar dinheiro, jogar na bolsa, explorar o comércio estrangeiro ou imóveis – mas aplicá-lo na indústria moderna. E a população em geral há de estar preparada para aceitar o aprendizado – e a seguir o funcionamento – de um sistema econômico cujos métodos são sujeitos a mudanças regulares que também cerceia cada vez mais o indivíduo por via de organizações vastas e disciplinadas, atribuindo-lhe tarefas limitadas, especializadas, monótonas.

Resumindo, o aumento da taxa de investimento – que o economista evoca para sintetizar a transição – requer uma mudança radical na atitude afetiva da sociedade perante a ciência fundamental e aplicada, diante do desencadeamento de mudanças nas técnicas de produção, em face dos riscos a enfrentar e diante das condições e métodos de trabalho. (Rostow, 1961, p.36-7)

Não poderia ser mais clara e ousada a afirmação de que é imprescindível mudar inteiramente o modo de ser "deles", não modernos, fazendo-os mais próximos do "nós", modernos e norte-americanos. Esse é o programa da teoria da modernização, que, como dissemos, deixa o terreno dos economistas para ingressar, com apoio entusiástico deles mesmos, economistas, no campo das ciências sociais (a política, a sociologia, a antropologia, a psicologia social). A teoria da modernização, que trataremos no próximo capítulo, é ponto de confluência, em grande medida, de três grandes tradições intelectuais: a) a economia do desenvolvimento, que estamos a comentar; b) a sociologia parsoniana e seu modelo de variáveis padrão; e c) a psicologia social e sua aplicação ao comportamento político (G. H. Mead, mas, sobretudo, Harold Laswell).

Portanto, o diálogo de Rostow com seu imaginário "economista moderno à moda antiga" traz de novo à nossa discussão algo em que insistimos ao longo de todo este livro: o apelo a terrenos extraeconômicos como imprescindível para compreender e administrar o desenvolvimento econômico (entendido como crescimento mais transformação estrutural). Esse é o programa da teoria da modernização, que examinaremos a seguir.

Capítulo 3

Teoria da modernização
Reformar países atrasados, missão recorrente dos civilizadores

3.1 Introdução
Os termos do problema

Introduzir reformas nos países atrasados ou tradicionais, de modo que os conduza ao mundo das nações ditas modernas, ou desenvolvidas – essa é uma ideia renitente no mundo contemporâneo, pelo menos no mundo que o Ocidente constrói desde a Revolução Industrial. A intervenção *ex machina* desempenha um papel central nos diferentes conjuntos de arrazoados que tematizam essa estratégia: o agente externo faria que os atrasados se *adiantassem* em uma linha evolutiva ideal. Essa trajetória imaginária, virtual, é traçada, exatamente, a partir dos países em que se produz essa elaboração programática, isto é, pela experiência que se julga reconhecer no caminho seguido pelos pioneiros da "modernização". Os países pioneiros – ou melhor, a imagem que deles se constrói – oferecem aos *latecomers* e *late-latecomers* uma ideia reguladora, teleológica.

Tal modo de pensar – que também é um programa político – atravessa muitas e diversas matrizes conceituais e ideológicas. Está presente, de certo, nos apólogos etnocêntricos que sublinham a missão do homem branco e ocidental. Mas está, igualmente ou com outro corte, nos modelos que pretendem fazer uma análise crítica dessa trajetória: também neles, os países adiantados colocam diante dos atrasados um espelho de seu futuro, conforme reza a famosa sentença de Marx, no prefácio de *O capital*. A institucionalização, a profissionalização e a separação disciplinar das ciências humanas – algo que se costuma datar da segunda metade do século XIX – transportaram pelo menos parte dessas aspirações para as ciências sociais, que se pretendiam "neutras" ou positivamente orientadas: os mais óbvios referentes são Tonnies, com o par comunidade/sociedade, Durkheim (solidariedade orgânica *versus* mecânica) e Weber (os tipos de dominação tradicional e o racional-legal, entre outros).[1]

Nos Estados Unidos do pós-guerra, desenvolveu-se uma vertente especial desse tipo de pensamento. Em sua natureza e em suas motivações, ela era um empreendimento acadêmico e não acadêmico, ao mesmo tempo. Domiciliada em instituições de pesquisa e/ou de difusão de ideias (*think tanks*, universidades) e fortemente apoiada por agências de Estado e fundações empresariais, a chamada teoria da modernização marcou profundamente o perfil das ciências sociais norte-americanas na segunda metade do século XX. E, com isso, por causa da relevância daquele país na modelagem do mundo contemporâneo, forneceu dispositivos intelectuais que informaram boa parte do que se pensou sobre o subdesenvolvimento e sobre os caminhos para superar tal condição. Importante destacar: esse enquadramento mental continua informando boa parte do que ainda se pensa a respeito disso.

---

[1] A crítica "externa" a esse paradigma passou, em geral, pelo próprio questionamento da ideia de desenvolvimento, identificado com sua síndrome: urbanização, indústria, "ocidentalização" de valores, comportamento e gostos etc. Ver, a título de exemplo: ESCOBAR, 1995; MEHMET, 1995.

TEORIA DA MODERNIZAÇÃO 101

Ora, em virtude da reposição constante de pressupostos, procedimentos analíticos e motivações práticas, é possível concordar com Gilman, para quem as análises do ultraliberalismo de fim de milênio constituem uma espécie de retomada das teorias da modernização, tão influentes e tão reluzentes nos chamados "25 Gloriosos" do pós-guerra, a Idade de Ouro do capitalismo. Se o "Fim da História" foi o ressurgimento da teoria da modernização, fazia sentido que sua reabilitação ocorresse no momento em que os Estados Unidos se sentiam confiantes em sua superioridade econômica, política e ideológica. Os que celebravam a globalização eram os herdeiros da teoria da modernização. (Gilman, 2003, p.IX)

A teoria da modernização, ainda que focalizando o mundo "de fora", os países atrasados, tinha uma inegável âncora interna. É por certa reconstrução da imagem da "América", uma reconstrução conveniente, complacente e conivente, que se enquadram as "distorções" e os potenciais de evolução dos países atrasados:

> A ideia de modernização é sobretudo norte-americana, tendo sido desenvolvida por cientistas sociais norte-americanos no período após a Segunda Guerra Mundial e alcançado o ápice de sua popularidade em meados da década de 1960. Duas características desse período se destacam: uma atitude predominante de complacência com a sociedade norte-americana e a expansão dos interesses políticos, militares e econômicos dos Estados Unidos por todo o mundo. A sociedade norte-americana tendia a ser vista como fundamentalmente consensual, combinando prosperidade econômica e estabilidade política inigualáveis dentro de uma moldura democrática. Os problemas sociais que pudessem existir, além disso, eram tratados não como endêmicos, mas como aberrações que poderiam ser solucionadas por processos políticos normais dentro das instituições existentes. Após duas décadas de agitação, a tranquilidade

da prosperidade e estabilidade no período pós-guerra parecia uma conquista significativa. O futuro da sociedade moderna parecia agora assegurado; apenas o das "áreas em desenvolvimento" parecia problemático. Essa atmosfera de complacência e autossatisfação só podia encorajar entre os cientistas sociais a ideia de que a "modernidade" era de fato pura bênção, e as instituições e os valores da sociedade norte-americana, pelo menos da forma em que existiam em suas manifestações mais idealizadas, constituíam um modelo apropriado a ser emulado por outras sociedades menos afortunadas. (Tipps, 1973, p.208-9)

Ao mesmo tempo, é pela contemplação deste outro, este "eles", que se mira a imagem do "nós". Entre outras consequências, significa que a operação ideológica que enquadra o mundo externo tem, também, fortes implicações internas. Primeiro resultado, nada desprezível: se o fim da história, o suprassumo do moderno, está nos Estados Unidos, em seu modelo de sociedade, isso implicitamente nega ou reduz a necessidade de reforma estrutural doméstica. Outro resultado igualmente funcional: essa teoria da modernização tem efeitos que confortam as consciências, explicando de modo conveniente a desigualdade entre as nações, uma explicação ao mesmo tempo plausível e ... referendada por uma ciência social "positiva".[2]

Este seria, então, mais um episódio de uma história bem antiga. Neste momento de nosso trabalho, porém, importa, desde logo, referir os personagens ao cenário no qual se movem.

Nas páginas a seguir, buscamos detectar indicadores de três movimentos e, para isso, valemo-nos de três tipos de enquadramento ou caixas de ferramentas:

---

[2] Para um exame que inclui instigante paralelo com a relação Índia–Inglaterra, ver Metha, 1990.

a) A análise dos "discursos científicos" na ciência social norte-americana do período, uma ciência social em grande medida "encomendada" e comprometida com uma estrutura de fundações e *think tanks* muito especiais. A análise desses discursos visaria a identificar aquilo que diferentes autores chamam por diferentes nomes: suas epistemes, suas matrizes discursivas subjacentes, seus paradigmas, suas dimensões tácitas, suas ideologias.

b) A análise geopolítica – que visa a entender as necessidades e as propensões do estado imperial, da Guerra Fria e da diferenciação no interior do próprio bloco ocidental (competição e cooperação no interior da tríade). A teoria da modernização e a economia do desenvolvimento – elaborações teóricas gêmeas do imediato pós-guerra – respondem, em grande medida, a demandas (cambiantes) extra-acadêmicas, externas à lógica do discurso. Demandas das empresas e do Estado norte-americano, sobretudo. Do ponto de vista "exterior", são relevantes, nesse sentido, eventos como o Programa do Ponto IV e os lances da Guerra Fria, imposições como a da reconversão e internacionalização das empresas manufatureiras, do controle sobre matérias--primas estratégicas.

c) A teoria do desenvolvimento desigual e combinado do capitalismo contemporâneo; esse ângulo de análise ajudaria a introduzir um viés sociológico no exame das relações internacionais, encarando, entre outros objetos particulares, o cruzamento do processo antes mencionado (em b) com as necessidades e propensões da economia norte-americana, de suas empresas e grupos de interesse, das formações de coalizões internas e, ainda, com os conflitos desse tipo nos países periféricos.

Passemos, então, ao primeiro movimento, resumindo o cenário no qual a teoria da modernização nasce e cresce. Ele tem quatro elementos decisivos:

1. Despontava, sem ambiguidades, um novo *hegemon* – os Estados Unidos assumiam decididamente a tarefa que haviam recusado no final da Primeira Guerra Mundial.
2. Iniciava-se, com a reconstrução, uma era de desenvolvimento das forças produtivas e crescimento econômico (ainda que certamente desigual) – o período dos "25 Gloriosos" ou a Idade de Ouro do capitalismo.
3. Emergia um "Segundo Mundo", o mundo comunista, incorporando um terço da população do planeta e inserindo uma referência política decisiva nas disputas internacionais.
4. Entravam em cena as "nações jovens", filhas da descolonização; com elas, edificam-se novos estados; o nacionalismo e o nacional-desenvolvimentismo tornam-se ideologias políticas relevantes no plano mundial (o Terceiro Mundo).

Na primeira seção deste capítulo, tomaremos um *ângulo* desse cenário, para, nas próximas, iniciar o trabalho de focalização do personagem que nele opera, a teoria da modernização. Esse *ângulo* é o peso que assumem, no formato da reconstrução pós-guerra, as necessidades da economia e do Estado norte-americanos – e, mais focalizadamente, a importância que teria a formulação de sua política para o Terceiro Mundo. Por isso, cabe perguntar onde e como os norte-americanos – empresas, Estado – investiram. Investimento material – onde enraizaram suas empresas transnacionais, sobretudo. Investimento intelectual – para onde dirigiram seus esforços de compreensão. Investimento político--estratégico – para onde canalizaram não apenas suas tropas, mas também seus programas de ajuda externa e assistência técnica.

3.2 Cenários do pós-guerra

Na descrição desse quadro sumário, reunimos alguns dados e informações ao longo de dois vetores:

1) A expansão norte-americana (de suas empresas, de seu Estado) no pós-guerra, sua projeção no sistema internacional; e 2) O papel reservado ao "Terceiro Mundo" na lógica da "prosperidade guerreira" norte-americana.

Tais elementos são relevantes para marcar o contexto em que se constrói a chamada teoria da modernização.

3.2.1 A expansão norte-americana nos "25 Gloriosos" do pós-guerra – dimensões e modos

Tomando dois pontos desse "período de ouro" do capitalismo de nosso século (um ponto no meio do período e outro no final), Daniel Chirot mostra um quadro dos investimentos externos de longo prazo e das taxas de lucro que engendravam (Chirot et al, 1977, p.153)

O quadro pode ser completado com a evidência reunida por Jeff Frieden, que mostra como indústrias norte-americanas implantavam unidades no continente europeu, unidades fundamentalmente voltadas para o novo mercado doméstico, saltando as barreiras protecionistas e as dificuldades de divisas. O investimento privado norte-americano na Europa Ocidental teve uma evolução assombrosa: US$ 1,7 bilhão, em 1950, US$ 16,2 bilhões, em 1966, US$ 30,7 bilhões, em 1972. Os investimentos de longo prazo em ações e títulos também subiram, nas mesmas datas: US$ 1,3 bilhão para US$ 4,5 bilhões e para US$ 5,9 bilhões. Idem para investimentos de curto prazo: US$ 0,4 bilhão, US$ 2,6 bilhões, US$ 5,3 bilhões (Frieden, 1980, p.62). Nesse período, a

Tabela 3.1 Lucros e investimentos de longo prazo norte-americanos no exterior, por área.

Área	Investimento	Porcentual dos lucros no mundo	Lucros como porcentual sobre o valor do investimento
	1960	1972	1972	1972
Canadá	35%	27%	12	4
Europa Ocidental	21%	33%	23	6
Japão	1%	2%	2	7
Austrália, Nova Zelândia, África do Sul	4%	6%	4	6
Central (mais África do Sul)	61%	68%	41	5
Venezuela	8%	3%	4	12
Restante das Américas	18%	15%	8	14
Oriente Médio	4%	2%	31	120
Restante do mundo	5%	7%	11	14
Não central	35%	27%	54	17
Internacional (Shipping)	4%	5%	5%	8
Total Mundo	$31.865 bilhões	$94.031 bilhões	$8.004 bilhões	8,5
	100%	100%	100%	

Fonte: U.S. Bureau of the Census, Statistical Abstract of the United States. (Washington: U.S. Government Printing Office, 1974, p.781-2.
* Lucro é definido como o total de juros, dividendos e lucros retidos nas filiais relatados ao governo dos Estados Unidos. É provável que essas cifras minimizem tanto os ativos quanto os lucros.
** O lucro em 1960 foi de U$ 2,355 bilhões, equivalente a 7,4% do investimento.

maior parte dos fluxos de capital norte-americano concentrava-se nas rotas da Europa Ocidental e do Oriente Médio (neste, devido aos investimentos do petróleo, relativamente pequenos em estoque, enormes em lucratividade). Segundo algumas estimativas, em 1945, os Estados Unidos concentravam na América Latina cerca de 40% dos seus investimentos diretos no exterior. Esse porcentual cairia para algo como 15% em 1970 (Gauchon et al., 1992, p.212).

Enquanto isso, do lado da "ajuda externa não militar", o quadro é bem parecido, agora com a significativa inclusão do Extremo Oriente (especificamente, Coreia, Japão, Taiwan). É o que mostra a Tabela 3.2 (Chirot, 1977, Table 33, p.151).

Vemos aí, portanto, os sinais do investimento material, do investimento estratégico, do investimento geopolítico. Falta mencionar o investimento intelectual, aquele dos cientistas sociais que olhavam para o exterior. Destes, os que se voltavam para o Terceiro Mundo teriam dois laboratórios preferidos. Mesmo uma superficial inspeção de títulos editados revela que, de longe, os que mais tiveram pesquisa financiada e publicações foram: Oriente Médio e Extremo Oriente, alvos prediletos da teoria da modernização. A América Latina foi claramente secundarizada.

Ainda para descrever as dimensões e o modo peculiar de expansão internacional da economia norte-americana, vale destacar o comentário de Fréderic Teullon, segundo o qual "a lógica dos fluxos de capitais perturba a análise dos fluxos de mercadorias" (Teulon, 1993, p.173-4).

Teullon lembra a implantação das empresas estrangeiras, passando a vender no local de implantação e não mais exportando do território da matriz. Assevera que, em um contexto dessa natureza, de deslocalização das atividades produtivas, as análises centradas no confronto exportações/importacões enviesariam as conclusões. Lembra, ainda, que, na década de 1960, as empresas norte-americanas valiam-se desse tipo de filiais para formar redes de *distribuição*

Tabela 3.2 Ajuda externa norte-americana não militar – doações e créditos – 1945-1955.

Área	Milhões de dólares	Porcentual do total
Europa Ocidental	24,767	65,1
Leste europeu	1,097	2,9
Oriente Próximo e Ásia do Sul (menos Grécia)	1,84	4,8
Grécia	1,324	3,5
África	143	0,4
Extremo Oriente e Pacífico (menos Japão, República Popular da China, Taiwan, Coreia do Sul)	1,837	4,8
Japão	2,302	6,0
República Popular da China e Taiwan	1,257	3,3
Coreia do Sul	1,358	3,6
Américas	1,151	3,0
Agências Internacionais	976	2,6
Europa Ocidental, Japão, mais os principais clientes dos Estados Unidos, i.e., Grécia, Taiwan, Coreia do Sul	31,008	81,5
Total	38,052	100,0

Fonte: U.S. Bureau of the Census. *Statistical Abstract of the United States:* 1974. Washington: U.S. Government Printing Office, 1974, p.784-5.

(assim, dois terços dos produtos vendidos nos mercados exteriores eram de fato produzidos nos Estados Unidos). Contudo, isso foi mudando e, no meio dos anos 1990, observamos proporção inversa: dois terços dos bens "norte-americanos" vendidos no exterior são, efetivamente, *fabricados* no exterior. No final do milênio, perto de 22% da produção industrial total das empresas norte-americanas eram feitos no exterior, uma internacionalização cinco vezes maior que a do Japão. Muito do que se contabiliza, portanto, como "importações" em portos e aeroportos constitui, de fato, troca entre matrizes e filiais – comércio intrafirma e intragrupo. No fim da década de 1960, 20% da produção norte-americana no exterior eram reimportados nos Estados Unidos, porcentagem que dobra no final do século XX.

Assim, trata-se menos de comércio, estrito senso, e mais de organização de plantas produtivas complementares. O déficit comercial norte-americano deve, portanto, ser reconsiderado, nessa lógica de deslocalização. Menos do que debilidade da economia norte-americana, temos aí, mais precisamente, um avanço das grandes empresas, algo que não aparece nitidamente nas práticas contábeis dos Estados, quando se medem os balanços de pagamentos. A tabela 3.3 resume, de modo bastante útil, algo desse argumento geral de Teullon (1993, p.175).

Tabela 3.3 Balanço ampliado dos Estados Unidos (em US$ bilhões)

	Balança comercial	Venda das filiais EUA*	Venda de filiais* estrangeiras	Saldo geral
1977	–33	+ 246	– 50	+ 163
1983	–73	+ 354	– 158	+123
1984	+ 128	+ 369	– 176	+ 65
1985	+ 154	+ 385	–185	+ 46
1988	+ 122	+ 395		

(*) Com participação superior a 10% no capital (venda das filiais majoritárias dos Estados Unidos no estrangeiro em 1985: US$ 287 bilhões).
Fonte: Survey of current business, pesquisa do Departamento do Comércio dos Estados Unidos.

Resta ver qual o papel do Terceiro Mundo nesse quadro.

3.2.2 O "Terceiro Mundo" na lógica da "prosperidade guerreira" norte-americana

Nos final da década de 1960, o pensamento liberal norte-americano encontrava suas fronteiras de confiança e otimismo. Por um lado, as incertezas diziam respeito à política doméstica – apontando para os limites percebidos no *new deal* rooseweltiano e na *great society* de Kennedy e Johnson. Por outro, elas apareciam também no plano externo, refletindo, entre outros, os impasses da modernização do Terceiro Mundo. Nesse caso, as promessas de democracia e desenvolvimento davam lugar a alianças "realistas" com ditaduras dos mais variados tipos. Também o pensamento de esquerda, tanto quanto o liberal, embora em outra direção, tentava interpretar criticamente o sentido da política externa ianque.[3]

Para desenvolver um dos eixos que enquadram nossa análise (o eixo da análise geopolítica), parece-nos útil recuperar os termos de um instigante debate da passagem dos anos 1960 para o início

---

[3] Algo de análogo poderia ser dito no que diz respeito à contestação da política interna. No início dos anos 1970, o marxista James O'Connor publicaria um livro apontando o conflito entre legitimação e acumulação no capitalismo norte-americano: *USA – a crise fiscal do Estado*. O'Connor apontava para a tensão entre democracia e capitalismo, lançando a "culpa" no capitalismo. Em outro canto do espectro ideológico, na mesma época, a Comissão Trilateral também via esse conflito, mas inculpava a democracia, tida como "ingovernável". Mais adiante, as políticas de regulação econômica e seguro social seriam fortemente contestadas pelos neoconservadores e pelo pensamento ultraliberal ressuscitado. Corifeus intelectuais e midiáticos dessa moda seriam, por exemplo, Nathan Glazer, Charles Murray e George Gilder.

da década seguinte – entre analistas que se posicionavam na esquerda norte-americana. São eles: Harry Magdoff, Gabriel Kolko e Barrington Moore Jr.

Os argumentos de Magdoff aparecem, sobretudo, em dois textos: (a) o livro *A era do imperialismo* – a economia da política externa dos Estados Unidos, de 1969, e editado no Brasil em 1978 (Magdoff, 1978); (b) o artigo "O impacto da política externa americana sobre os países subdesenvolvidos", publicado em março de 1971 pela *Monthly Review* e reimpresso no livro *Imperialismo*: da era colonial ao presente, publicado no Brasil em 1978 (Magdoff, 1979). Quanto a Gabriel Kolko, a referência é *The roots of american foreign policy*: an analyse of power and purpose (Kolko, 1969). A crítica de Barrington Moore Jr. à visão de Magdoff e Kolko está em *Reflexões sobre as causas da miséria humana e sobre certos propósitos para eliminá-las*, livro de 1972, publicado no Brasil em 1974. Em especial, devem ser vistos os capítulos 5 (Da democracia predatória: os Estados Unidos) e 6 (Algumas perspectivas para a democracia predatória).

Começo pela questão central desse debate, tomando a formulação de Magdoff: "seria a guerra parte de um sistema geral e consistente da política externa dos Estados Unidos ou seria aberração peculiar a um grupo de homens no poder?" (Magdoff, 1978, p.1)

A questão é plena de atualidade, o que se evidencia por uma curiosa reportagem da revista *The Economist* (24 abr. 2003), a respeito da hegemonia dos neoconservadores no governo George W. Bush. A revista indaga:

Será que uma cabala tomou conta da política externa do mais poderoso país do mundo? Será que um pequeno grupo de ideólogos utiliza poderes indevidos para intervir nos negócios internos de outros países, criar um império, jogar no lixo o direito internacional – e mandar às favas as consequências?

Mas não é essa atualidade, exatamente, o que ora nos interessa. É, isto sim, o quanto tal inclinação, se pelo menos parcialmente confirmada, ajuda a explicar o modo pelo qual as ciências sociais produzidas nos Estados Unidos são levadas a encarar os países subdesenvolvidos. Isso porque a *resposta* de *The Economist* à pergunta – "não, realmente" – contribui para o paralelo que estamos a fazer, ao lado de estudiosos como Gilman, entre a teoria da modernização e as elaborações intelectuais mais recentes – o discurso sobre a globalização, o fim da história e a inevitável e esperada vitória da democracia liberal e da economia de mercado. O paralelo sobressai ainda mais pelo complemento da resposta: "os neoconservadores fazem parte de um movimento mais vasto ... há um quase consenso [entre as elites políticas norte-americanas] quanto à noção de que os Estados Unidos deveriam utilizar o seu poder vigorosamente para remodelar o mundo".

A questão – existe essa inclinação para a guerra? – envolve, ela própria, uma polêmica, que Magdoff resume no final de seu livro:

> Prevalecem hoje três pontos de vista inter-relacionados sobre o imperialismo econômico e a política externa dos Estados Unidos:
>
> 1) O imperialismo econômico não está na raiz da política exterior dos Estados Unidos. Ao contrário, as principais motivações da política externa são as metas políticas e a segurança nacional.
>
> 2) O imperialismo econômico não pode ser o elemento mais importante para a determinação da política exterior, pois o comércio e o investimento exteriores dão uma contribuição relativamente pequena ao desempenho total da nação.
>
> 3) Uma vez que o envolvimento econômico estrangeiro é relativamente pouco importante para a economia dos Estados Unidos, segue-se que o imperialismo econômico não precisa ser a força motivadora da política externa. Daí alguns críticos liberais

TEORIA DA MODERNIZAÇÃO 113

ou de esquerda argumentarem que a política presente, na medida em que é influenciada pelo imperialismo, está desencontrada e conflitante com os melhores interesses econômicos do país. (Magdoff, 1978, p.191)

Magdoff procura demonstrar que o imperialismo econômico e a política externa agressiva estão, sim, intimamente ligados à forma de organização socioeconômica dos Estados Unidos. Daí decorrem outras perguntas, no campo propriamente *político*: Quais os potenciais de mudança nesse quadro? Quais as mudanças possíveis/prováveis? Com que grau de dor e sofrimento podem ser feitas? Quais as resistências? Quais forças empurram o sistema para a mudança ou para a conservação, ou mesmo para o retrocesso? Uma primeira bateria de dados parece indicar, para Magdoff, o motivo mesmo das perguntas e dos argumentos. Trata-se de um padrão observável de crescimento dos efetivos militares norte-americanos no exterior:

1920 – as tropas norte-americanas estavam acantonadas em três países.
1939-45 – 39 países.
1969 – 64 países.[4]

Magdoff não se refere a outro indicador, mas vale lembrá-lo: em 1954, os gastos militares representavam 13,5% do PIB norte-

---

[4] Aliás, se saltarmos para do texto e da época de Magdoff, verificaremos que, segundo dados do Departamento de Defesa, haveria, em 2004, 725 bases norte-americanas no exterior. Cálculo subestimado, uma vez que o Departamento de Defesa só conta as bases que valem mais do que US$ 10 milhões. E não conta as bases emprestadas por outros governos. Fontes diversas asseguram que haveria, já em 2004, cerca de 500 mil soldados norte-americanos espalhados por 132 países.

-americano. Com importância mais do que proporcional para os setores de ponta da indústria: em 1960, metade dos gastos em pesquisa e desenvolvimento era vertida em bens e serviços destinados a fins militares.[5] Será isso uma deformação? Um acaso? Um equívoco? Uma paranoia? Ou, retomando a pergunta de Magdoff: "Seria a guerra parte de um sistema geral e consistente da política externa dos Estados Unidos?". Tratar-se-ia, enfim, de algo umbilicalmente ligado ao modo de vida norte-americano, a seus padrões de organização econômica, social, política? Está nas entranhas da sociedade norte-americana? E mais uma pergunta poderíamos acrescentar a essas, naquilo que nos interessa aqui: Insere-se esta inclinação nos padrões pelos quais a ciência social norte-americana pensou/ pensa a "modernização" dos países subdesenvolvidos?

3.2.3. Evidências e argumentos

Para continuar a pensar sobre essas perguntas, voltemos a outras evidências reunidas por Magdoff e Gabriel Kolko. Elas dizem respeito a dois vetores:

1. Às mudanças dramáticas nos suprimentos de matérias--primas estratégicas, essenciais ao desenvolvimento do capitalismo norte-americano, à sua segurança nacional e à própria manutenção da vida cotidiana nos Estados Unidos (com óbvias implicações na estabilidade sociopolítica).
2. À evolução das empresas norte-americanas rumo à conglomeração e à internacionalização (transnacionais de manu-

---

[5] Dados reunidos em Gauchon et al., 1992.

faturas e serviços, bancos e financeiras que se instalam, estavelmente, em dezenas e dezenas de países).

Desde logo, esses dois vetores parecem ser quantificados e visualizados mediante indicadores confiáveis. Assim, Magdoff começa por lembrar que: "O Departamento de Defesa opera por meio de uma lista de materiais estratégicos que serve de guia para um programa de acumulação de reservas". E destaca que, entre 62 materiais estratégicos, 52, pelo menos, dependiam, em 40%, de fornecimento externo (Magdoff, 1978, p.54).

Os dados reunidos por Magdoff e G. Kolko, com base em fontes oficiais (*Statistical Abstract*, Departamento do Comércio, Bureau do Censo etc.) são muito sugestivos, pelo menos. O leitor poderá encontrá-los no Anexo. Entre outros graves aspectos, eles permitem notar que, do final da Segunda Guerra Mundial até o início dos anos 1960, praticamente *triplicou* a participação porcentual dos minerais importados sobre o total de consumo norte-americano. Isto é, o consumo de minerais torna-se cada vez mais dependente de fornecedores estrangeiros – que, como veremos adiante, são países, digamos, muito "precários", instáveis, de modernização bastante problemática. Em alguns casos, parecem mesmo "quase países", verdadeiros pântanos políticos, cujas fronteiras e bandeiras foram em muitos casos traçadas em pranchetas de colonizadores e neocolonizadores.

Entre 1959 e 1966, para alguns minerais selecionados e estratégicos, aumentou enormemente o porcentual do material *importado* em proporção à produção *doméstica*. Em alguns deles, isso ocorreu de modo dramático: chumbo, zinco, cobre, bauxita e petróleo.

Gabriel Kolko nota que, na produção desses minerais, cresceu de modo formidável a participação porcentual de países em desenvolvimento. No caso do petróleo, por exemplo, a participação dos Estados Unidos na produção mundial caiu dos 61%

(1938) para 29%, em 1964.⁶ Acrescenta-se que a tendência é para uma piora nessa dependência, não apenas para petróleo, mas para minerais decisivos, como manganês, tungstênio, cobre, bauxita, estanho.

Como exercício de demonstração, Magdoff chega a calcular, por exemplo, a relevância de certos materiais críticos na fabricação de um motor a jato – e a origem desses materiais. Em alguns casos, a importação responde por 100% (nióbio, cromo, cobalto), em outros, por quase isso (níquel, 75%). A análise do "motor a jato" não nos faz pensar apenas na aviação militar (B-52, Douglas) e seus desdobramentos civis (Boeing, DC-10), mas também na indústria espacial de que depende a comunicação de voz, de imagem e de dados computadorizados essenciais à indústria, aos serviços, às finanças. Isto é, em toda a rede de produção de bens e serviços que compõem nossa vida diária e compõem os nervos do capitalismo global. O exemplo é, desse modo, uma ponta de iceberg.

Vejamos agora o segundo vetor, a conglomeração das empresas (manufaturas, bancos) e sua transnacionalização, com o que se volta ao tema do longo comentário de Teullon, anteriormente reproduzido e para o qual mais uma vez chamamos a atenção do leitor.

Magdoff reúne evidências sobre a importância, para as empresas norte-americanas, das exportações e vendas com base em seus investimentos no exterior (filiais). Em todos os setores importantes

---

[6] Façamos um novo salto, saindo dos textos de Magdoff e Kolko, e tomemos dados atuais: hoje, os Estados Unidos consomem metade do petróleo do mundo – e metade do que consomem é importada. E importada de fontes bastante precárias: Oriente Médio (Arábia Saudita e Iraque, principalmente), Venezuela, Nigéria. Os norte-americanos tornaram-se importadores de petróleo já em 1953. E de gás, em 1959. Desde 1953, seu "balanço energético" é deficitário.

da indústria norte-americana, as exportações cresceram menos (mas *muito* menos!) do que as vendas de filiais no exterior: "É especialmente digno de nota que, por volta de 1965, as vendas das filiais do exterior são maiores do que as exportações das fábricas instaladas nos Estados Unidos" (Magdoff, 1978, p.62).

Magdoff chega a afirmar que as empresas dos Estados Unidos no exterior são "o terceiro maior país" do mundo, com produto maior do que qualquer outra nação, exceto Estados Unidos e União Soviética (Magdoff, 1978, p.64). Os dados indicam que tais empresas, em vez de vender a *partir de dentro* dos Estados Unidos (exportar), privilegiam a produção e a venda *por intermédio de filiais nesses países*, isto é, como resultado de seus investimentos manufatureiros acantonados (e protegidos) em cada quarteirão do mundo.[7]

Como desdobramento e complemento dessa tendência, Magdoff aponta para as atividades dos *bancos* norte-americanos no exterior.

A Tabela 3.14 do anexo detalha o formidável crescimento, entre 1950 e 1967, do número de países nos quais há filiais bancárias norte-americanas. No caso da América Latina, esse número dobra. Na Europa, mais do que dobra.

Se tomarmos os dados reunidos por Jeff Frieden (1980), para anos imediatamente seguintes àqueles tratados por Magdoff, o número de bancos dos Estados Unidos com agências no exterior passará de oito, em 1960, para 129, em 1974. E o número total de agências saltou de 137 para 737. Crescimento similar verifica-se quando se toma a variação dos ativos no exterior como porcentual do total de ativos da empresa: de 3% para quase 18% em 1974 (ver Tabela 3.15, no Anexo).

---

[7] Ver, no Anexo, as Tabelas 3.7, 3.8 e 3.9.

3.2.4 Conclusões políticas – ou vínculo entre a hipótese de partida e as evidências empíricas

Recordemos a pergunta de Magdoff: "seria a guerra parte de um sistema geral e consistente da política externa dos Estados Unidos?".

Para discutir essa questão, como vimos, ele expôs as evidências que acabamos de resumir, sobre: 1) as mudanças dramáticas nos suprimentos essenciais ao desenvolvimento do capitalismo norte-americano e à própria manutenção da vida cotidiana nos Estados Unidos; e 2) a evolução das empresas norte--americanas rumo à conglomeração e à internacionalização (transnacionais de manufaturas e serviços, bancos).

Ora, no que diz respeito à definição desse padrão de política externa, essas perguntas e evidências apontam para o papel decisivo de alguns sujeitos importantes, alguns *agentes determinantes* das escolhas políticas nos Estados Unidos. São algumas centenas de corporações manufatureiras e financeiras (na verdade conglomerados) que controlam dois terços da economia norte-americana. Mais ainda: controlam exatamente os setores que determinam a dinâmica da evolução tecnológica, dos gastos públicos, de ação do Estado etc.

Apontando para esses agentes relevantes, determinantes das escolhas políticas norte-americanas, os quadros de Magdoff e Kolko impressionam não apenas pelos números de seu *presente*, isto é, pelo retrato de um instante, aquele de finais da década de 1960. Impressionam também pela indicação de uma *trajetória*, de um potencial dinâmico, pela mudança ao mesmo tempo radical e cumulativa, enfim, que mostram ao longo do tempo.

Seria, pois, algo significativo, para o tema central deste texto, se essas circunstâncias tivessem sido já apontadas em um momento decisivo, na história intelectual da teoria da modernização. E isso, de fato, ocorreu. Refiro-me à conferência organizada por Bert Hoselitz em 1951 e a qual virou livro no ano seguinte (Hoselitz, 1952), tornando-se, em grande medida, o ato de fundação de todo um programa de pesquisa, enunciado no próprio titulo da influente revista criada e dirigida por Hoselitz: *Economic Development and Cultural Change*. Mais especialmente, devemos notar a contribuição de Robert Lamb para esse volume. Ali se registra:

> A economia americana em tempos de guerra temporariamente abandonou muitos dos dispositivos de mercado e muitas das regras de uma economia capitalista dos tempos de paz, de modo que maximizasse resultados para fins militares. Pudemos fazer isso porque os bens produzidos eram projetados para serem disparados e destruídos. Podíamos fazer isso porque o povo americano se submeteria a este tanto de regimentação durante uma emergência nacional temporária. A presente mobilização de defesa apresenta novos problemas para os Estados Unidos precisamente porque, pela primeira vez em nossa história, estamos falando de uma emergência sem um final previsível. Enfrentamos tal emergência, creio, porque assumimos responsabilidade pelos encargos da economia mundial metropolitana anglo-americana neste momento da história do mundo em que esta economia tem um inimigo externo. (Lamb, 1952, p.52)

Assim, podemos entender como era forte a percepção desses fatores – controle de materiais estratégicos e garantia das atividades de empresas no exterior – para a manutenção da vida cotidiana nos Estados Unidos (o padrão de consumo, de emprego, de renda, de "paz social"). Podemos perceber, também, o padrão de desenvolvimento das poucas centenas de empresas que contam, de fato, na cena política. Afinal, para esse gênero de empresas, o controle sobre tais materiais (e sobre os países em que repousam) é imprescindível por pelo menos duas razões:

1) Para, simplesmente, operar e realizar lucros: acesso garantido, regular e barato é o segredo desse tipo de corporação integrada – como foi mostrado por tantos analistas, como Berle e Means, Chandler, Averitt, Galbraith, Arrighi (em estudos relacionados adiante, na Bibliografia).
2) Mas também para a garantia de que os competidores *não terão* esse acesso (o controle erguerá "barreiras de entrada" de natureza política).

Nada de estranhar, portanto, que o acesso privilegiado a tais suprimentos – e a seus sítios – seja tão valorizado pelos líderes de empresas relevantes (e pelas autoridades políticas relevantes).

Resta lembrar que a ocupação militar do mundo é, ela própria, um empreendimento rendoso (ou a fonte de vários empreendimentos rendosos). A esse respeito, cito Magdoff novamente:

> O mercado dos artigos militares tem, na maioria das vezes, a vantagem de fornecer contratos a longo prazo, acompanhados, frequentemente, de garantias suficientes para reduzir ou mesmo eliminar qualquer risco com a construção de fábricas ou equipamentos adicionais que poderiam também ser utilizados para finalidades civis. Acresce que os contratos militares pagam as despesas relacionadas com a pesquisa e o desenvolvimento, neste caso, ainda, removendo os riscos de um programa de investimentos normal. Quanto aos países estrangeiros, a presença militar dos Estados Unidos, sua política externa, seus compromissos de segurança nacional, estabelecem uma valiosa estrutura de proteção para os investimentos feitos no estrangeiro. Esses investimentos externos e mais a demanda criada pelo auxílio externo governamental contribuem decisivamente para a demanda de exportações de bens de capital e de outras indústrias manufatureiras. A confiança na consistência da política exterior do governo, bem como na sua política

complementar, a militar, pode oferecer, e com certeza oferece, um valioso quadro de referências para práticas de investimento interno e externo dos negócios monopolistas. (Magdoff, 1978, p.210)

As corporações são máquinas de externalizar custos, planejadamente. Por isso, conforme lembrava Galbraith, em livro também daquela época (*O novo Estado industrial*, 1968), elas não reagem ou *respondem* ao mercado, como pretende a sabedoria convencional, a microeconomia ortodoxa. Elas desenvolvem – graças à sua própria estrutura, ao seu tamanho e à simbiose com o Estado – a capacidade de *superar, controlar e substituir o mercado*.

Ora, sublinha Magdoff: "É precisamente entre as corporações gigantescas que encontramos os principais centros de operações militares e econômicas no exterior" (Magdoff, 1978, p.213).

Como dissemos, nada de estranhar, portanto, que esse acesso a tais suprimentos seja tão valorizado pelas autoridades e pelos líderes de empresas:

> A pressão para o desenvolvimento dos recursos materiais, já em grande evidência em 1940, mereceu do presidente Truman o estabelecimento de uma Comissão de Política de Materiais, a fim de definir a magnitude do problema. Resultou um relatório, Resources for Freedom (Washington, D.C., 1952), que sumariou graficamente a dramática mudança, na seguinte comparação, válida para todos os materiais, menos para os alimentos e o ouro: durante a passagem do século, os Estados Unidos produziam, na totalidade, cerca de 15% a mais dessas matérias-primas do que consumiam internamente; tal excedente, em 1950, se transformara em déficit, pois a indústria norte-americana consumia 10% a mais do que a produção doméstica; projetando a tendência até 1975, perceberam que o déficit total de matérias-primas para a indústria seria então de 20%. (Magdoff, 1978, p.217)

Talvez a consciência dessa evolução tenha contribuído para o presidente Eisenhower, em seu discurso inaugural, em janeiro de 1953, alertar a nação para a unidade dos interesses econômicos e políticos:

> Nós sabemos ... que estamos ligados a todos os povos livres não só por uma ideia nobre, mas por uma necessidade simples. Nenhum povo livre pode, durante muito tempo, apegar-se a qualquer privilégio ou gozar de segurança em solidão econômica. Apesar de todo nosso poderio material, até nós precisamos de mercados para os excedentes de nossas fazendas e fábricas. Precisamos, igualmente, para essas mesmas fábricas e fazendas, de materiais vitais e produtos de terras distantes. Essa lei básica de interdependência, tão manifesta no comércio da paz, aplica-se com intensidade multiplicadas vezes na eventualidade de uma guerra. (Apud Magdoff, 1978, p.218-9)

Aqui, mais uma vez remetemos ao texto de Robert Lamb – e em uma direção que interessa mais fundamentalmente a este nosso trabalho de enquadramento contextual para a teoria da modernização. Lamb aponta para algumas consequências desse conjunto de implicações e determinações recíprocas. É importante destacar que dizem respeito à formulação da política norte-americana para o Terceiro Mundo:

> A força de nosso sistema metropolitano reside em seu expansionismo. Quanto mais adotamos a atitude do "do to" e menos usamos os métodos do "do with", mais rígido se torna nosso modo de focalizar o problema dos outros povos. Podemos já ver o que acontece quando uma proposta como o Programa do Ponto IV torna-se envolvida com nossas necessidades militares de materiais estratégicos; o resultado é um relatório como "Partners for

TEORIA DA MODERNIZAÇÃO 123

Progress", onde a ênfase é posta em meios de extrair bens de guerra necessários de nossos vizinhos subdesenvolvidos em torno do globo. (Lamb, 1952, p.52)

Em suma, as análises de Kolko e Magdoff – contudo já sugeridas por Lamb, no momento do parto, por assim dizer – parecem indicar que a guerra não é algo que se agregue de modo artificial e exterior à sociedade norte-americana, mas algo vital a esse organismo: garante oxigênio e sangue para um animal gigantesco, um animal que sorve recursos globais de maneira contínua e crescente. Isto é, trata-se de algo que, em 1952, em 1970, ou nos quadros ainda vigentes, parece residir nas entranhas da formação social norte-americana e de seus canais de decisão política, uma vez que essa formação social e seus centros dominantes dependem, vitalmente, de três fatores:

1. Garantir suprimentos essenciais à segurança, ao desenvolvimento e, acentuemos, à *estabilidade social interna*.
2. Garantir que tais suprimentos (mesmo quando não utilizados) não estarão disponíveis para as concorrentes dos oligopólios norte-americanos.
3. Garantir, em qualquer canto do mundo, a segurança de "cidadãos" norte-americanos muito especiais, algumas centenas de corporações estratégicas.[8]

---

[8] Para ter direito a jurisdição em cortes federais, uma *corporação teria de ser considerada um cidadão* sob o art. 3°, seção 2 da Constituição. Em 1809, no caso Bank of the United States *versus* Deveaux, a Suprema Corte enfrentou um problema delicado: se uma corporação fosse considerada um cidadão sob o art. 3°, ela também o seria na cláusula sobre Privilégios e Imunidades dos Cidadãos (art. 4°, seção 2)? Em 1886, em Santa Clara Co. *versus* Southern Pacific R. R., a Suprema Corte aceitou a proposição de que

Para concluir este resumo do argumento da nova esquerda norte-americana na virada dos anos 1960 para os 1970, cito uma passagem de G. Kolko:

> É extraordinariamente difícil estimar o papel e o valor potenciais desses minerais escassos para os Estados Unidos, mas algumas definições aproximadas são mais do que suficientes para assinalar que o futuro do poder econômico americano está demasiadamente envolvido para que essa nação permita ao restante do mundo tomar um caminho próprio, revolucionário, um rumo que ameace a liberdade americana de usá-los. Basta dizer que o significado, em última instância, da importação de certas matérias-primas críticas não é seu custo para os negócios americanos, mas, antes, o valor final das indústrias que precisam empregar estes materiais, ainda que em pequenas quantidades, ou, caso contrário, deixar de existir. E, em amplo sentido, o acesso confiável a matérias-primas é uma pré-condição necessária para a expansão industrial em direção a novos ou a existentes campos de tecnologia, sem o medo de carências restritivas, limitadoras, que decorreriam da confiança dos Estados Unidos exclusivamente em seus recursos nacionais. É realmente a garantia política e psicológica de total liberdade de desenvolvimento do poder econômico nacional que é vital para o crescimento econômico americano. Além disso, os lucros exteriores dos Estados Unidos são obtidos a partir de investimento exterior em "local export industries", dando aos americanos os ganhos de fornecedores tanto quanto os de consumidores. Uma América isolada perderia tudo isso e muito mais ...

---

o termo "pessoa" na cláusula sobre igual proteção sob a lei da 14ª Emenda incluía corporações. Empresas são cidadãos, pessoas, com tudo que isso implica diante do Estado. (PAULA; SILVA, 2004, cap. 2).

Sugerir que os Estados Unidos poderiam resolver suas carências naturais tentando viver dentro dos limites de suas matérias-primas poderia também exigir uma drástica redução de suas exportações de bens finais, e isso os líderes do sistema norte-americano nunca permitiriam voluntariamente, porque traria profundas repercussões econômicas para uma economia capitalista, na forma de um vasto desemprego e lucros mais baixos (Kolko, 1969, p.54-5).

Por isso, pouco antes, registrei que é vital para os centros de poder norte-americanos garantir suprimentos essenciais à segurança, ao desenvolvimento. Acentuei que tais suprimentos eram também vitais para a *estabilidade social interna*.

E é por esse último elemento do problema – a estabilidade interna e as possibilidades políticas de alterar seus termos – que chegamos à crítica de Barrington Moore Jr. a essa visão "radical". Ela está em *Reflexões sobre as causas da miséria humana e sobre certos propósitos para eliminá-las*, livro de 1972, publicado no Brasil em 1974 (Moore Jr, 1974).

Moore admite a importância da guerra no desenvolvimento norte-americano, em especial na segunda metade do século XX. Diz mesmo que há, nesse desenvolvimento, "consideráveis elementos de uma *prosperidade guerreira*" (Moore Jr., 1974, p.132).

Mas contesta as teses da esquerda, argumentando que: a) não há aí uma espécie de destino manifesto às avessas, um "curso histórico fadado à catástrofe"; b) não é certo que tais tendências não possam ser revertidas pelo processo democrático (Moore Jr., 1974, p.133). Isto é, Moore parece acreditar que há possibilidade de mudança pelo interior do sistema e que essas mudanças seriam menos dolorosas ou dramáticas do que o apontado pela esquerda.

É curioso que Moore tente demonstrar que a dependência de materiais estratégicos e a expansão dos negócios norte-americanos não seriam assim tão relevantes. Nesse ponto, os argumentos são visivelmente mais fracos – alguns deles tendo sido previamente comentados pelos dois autores que mencionamos, Magdoff e Kolko, com evidências muito mais consistentes.

O mais interessante, contudo, nesse arguto comentário de Moore é a reflexão sobre as possibilidades de mudança na política norte-americana (incluindo sua propensão guerreiro--imperialista). Algo que nos remete ao "clima intelectual", entre a confiança e o otimismo, de que falamos anteriormente. Há, no texto de Moore, algumas intuições decisivas e instigantes para pensar esse ponto.

Uma dessas intuições é enunciada assim: "alguma forma de desindustrialização tem que fazer parte de qualquer programa, liberal ou radical – ou uma mistura dos dois – para alterar a sociedade americana". (Moore Jr., 1974, p.144). Outra:

> Para aqueles que se beneficiam com o sistema, a guerra e o desperdício têm a grande vantagem de suavizar os piores golpes no ciclo econômico e não transformar a ordem social forçando uma redistribuição de privilégios e renda. Por outro lado, os benefícios do sistema estão suficientemente espalhados para tornar o capitalismo americano popular: De Oscar Lange, Baran toma emprestada a expressão "imperialismo do povo" para caracterizar o sistema como um todo. (Moore Jr, 1974, p.149)

Repare-se aí a relação que se estabelece entre duas realidades:

1) a estabilidade interna, o controle de tensões, conflitos, contradições; e
2) o sistema baseado na guerra e no desperdício, a democracia predatória ou prosperidade guerreira, para usar os termos de nosso autor.

Conectada com essas duas intuições está aquilo que aponta como problema central das análises da esquerda: a "ausência de uma demanda de mudança – não a impossibilidade de mudança" (Moore Jr., 1974, p.154).

A síntese do problema – seu equacionamento – aparece logo em seguida, em duas afirmações:

> Primeiro, a falta de qualquer demanda de mudança amplamente espalhada e eficaz aparece como o ponto crucial do problema. Segundo, o imperativo imperialista não aparece comprovado no sentido de que a democracia capitalista liberal entraria necessariamente em colapso sem essa característica. (Moore Jr., 1974, p.166)

Aqui, parece-me fundamental adicionar algo ao comentário de Moore. Trata-se, porém, de uma "adição" que poderia eventualmente contrariar suas conclusões políticas.

Embora Moore não pareça dar a esse aspecto a devida importância, a ausência de demanda de mudança aparece, *nos seus próprios argumentos*, não como algo que se coloca ao lado e somado ao modelo de desenvolvimento (que inclui o tal imperativo imperialista), mas como algo que dele se nutre essencialmente. Vejamos como. Moore afirma que:

> embora as forças que empurram a sociedade americana na direção da dominação e opressão sejam, de fato, poderosas, não constituem uma espécie de imperativo insuperável inerente à estrutura de sua ordem social. A solução predatória para seus problemas sociais domésticos não é uma solução necessária, nem a única solução. Pelo contrário, é apenas a mais óbvia e, a curto prazo, a mais agradável, fácil e barata para um grande número de cidadãos americanos. (Moore Jr., 1974, p.168)

Ele acrescenta, a seguir, os motivos pelos quais essa solução é tão agradável, fácil e barata: os custos são pagos pelos outros (outros, de pele mais escura, no interior do país; outros, de pele mais escura ou mais amarela e residentes mais ao sul ou ao leste, no exterior). Ora, como isso se combina com a própria ideia de "prosperidade guerreira"?

Moore insiste na tese da não conexão necessária entre a política da "democracia predatória" (nos planos doméstico e externo) e a estrutura da sociedade norte-americana:

> quaisquer que sejam a força e consistência quanto a políticas predatórias, elas advêm menos de qualquer impulso estrutural extraordinariamente poderoso subjacente a tais políticas do que da incoerência, apatia e confusão daqueles que se *beneficiariam* com políticas diferentes. (Moore Jr., 1974, p.168-9)

Beneficiariam, diz ele. Reparemos que o tempo do verbo é decisivo – futuro imperfeito e condicional não pode orientar o comportamento presente e imperativo.

Como se vê, "impulso estrutural" e "incoerência, apatia e confusão" são coisas que se colocam lado a lado, como elementos alternativos, não como elementos de recíproca determinação. E esse parece ser um ponto frágil na argumentação de Moore, até mesmo para sustentar sua metáfora da "prosperidade guerreira" ou da "democracia predatória", em que, necessariamente, esses dois elementos têm essa relação, uma relação de determinação recíproca.

A chave, portanto, para explicar a permanência ou a mudança é essa "incoerência, apatia e confusão daqueles que se beneficiariam com políticas diferentes" e assim podem permanecer porque "os outros pagam os custos".

Por isso não surpreende que, no arrazoado de Moore, a possibilidade da ruptura dependa quase totalmente de acasos, atos inusitados ou de causalidades que não controlamos diretamente, algo como consequências não deliberadas de ações deliberadas. A esse respeito, uma passagem, verdadeiramente luminosa, deve ser comentada. Uma passagem em que brilha o talento do investigador e do pensador. No final de seu livro, Moore pergunta se poderia haver "uma quebra ou colapso importante do aparelho político *sem* prévio apoio de massa para sérias mudanças sociais". E menciona uma possibilidade muito sugestiva:

> Há ainda algumas boas razões históricas e sociológicas para sustentar que tal colapso poderia ocorrer e permitir uma sucessão revolucionária. Como foi apontado acima, num ambiente urbano a criação de uma massa revolucionária é uma transformação muito rápida. Fundamentalmente, ocorre pela quebra do fornecimento de bens e serviços de que uma cidade depende. Nos anos recentes, têm ocorrido numerosas paralisações parciais por uma variedade de causas que nada têm a ver com a revolução em sua concepção comum, tais como greves ou quase greves de empregados-chave: polícia, bombeiros, lixeiros, professores e empregados dos correios. Elas mostraram a vulnerabilidade da cidade à interrupção dos serviços. Uma das possibilidades mais ameaçadoras e sociologicamente interessantes é uma repetição de interrupção do fornecimento de energia elétrica que afetou grande parte do Nordeste não há muito tempo. *Sob a capa de bom humor do último corte de luz* havia uma preocupação, não necessariamente apaziguada pelas *frequentes emissões assegurando a população de que o Pentágono estava funcionando normalmente e tinha certeza de que não se tratava de caso de emergência*. Energia elétrica é muito mais importante para uma cidade moderna do que o fornecimento de trigo para a cidade de Paris no século XVIII. (Moore Jr., 1974, p.213-4, grifos nossos)

Curiosamente, em setembro de 2002, quase no aniversário do famoso evento das Torres Gêmeas, um blecaute paralisou e inquietou cidadãos e autoridades de boa parte do nordeste dos Estados Unidos, incluindo a cidade de Nova York. Um simples passeio pelo noticiário internacional pertinente mostra o quão instável, efêmera e pouco confiável é a ordem das coisas, no coração do globo. E quão dependente ele é – nas menores e mais cotidianas realidades – daquilo que extrai do restante do mundo. Bom exemplo são as usinas de energia termoelétricas, movidas a carvão e petróleo, modernas "especiarias" que vêm do outro lado do planeta a bom preço.

A evolução do quadro de inter-relações anteriormente descrito resultou naquilo que, com base em conhecido discurso de Eisenhower, se convencionou chamar de "complexo industrial-militar". As conexões mais do que íntimas desse movimento com a produção das ciências sociais no período – e sobretudo com uma de suas principais vertentes, a teoria da modernização – permitem sugerir como ponto de referência para nosso exame a consideração do "complexo industrial-militar-acadêmico".[9] Passemos a ele.

3.3 Modernas tradições

Esta seção examina como Talcot Parsons e seus discípulos elaboraram o modelo analítico da dualidade tradicional/moderno e dele fizeram um poderoso instrumento para o exame dos aspectos sociológicos do desenvolvimento econômico. Na sociologia norte-americana (e não apenas na norte-americana), a teoria de Parsons consolidou-se como um guia para a análise das sociedades atrasadas e das reformas que nelas deveriam ser introduzidas. Esse

---

[9] A expressão não é minha, é de Nils Gilman, em seu *Mandarins do futuro*.

modelo também seria elemento fundamental nos estudos de política comparada filiados à chamada teoria da modernização. Durante os "25 Gloriosos" do pós-guerra (1945-1970), algumas das formulações de Talcott Parsons – visando a desenhar uma teoria sistemática e abrangente da ação social e, por decorrência, das estruturas e funções em toda sociedade possível – vieram a constituir verdadeiros mantras da teoria da modernização, em uma plêiade de analistas que, atravessando diferentes campos disciplinares, buscavam compreender a natureza das sociedades subdesenvolvidas e o caminho que estava à sua frente (ou que à sua frente devia ser aberto pelos reformadores).

Destaque-se o mantra da dualidade tradicional/moderno, com o quadro analítico das famosas "variáveis padrão". Ele era referência obrigatória para os criadores da jovem economia do desenvolvimento. Mais ainda: como indicamos em capítulo anterior, para esses economistas, o achado de Parsons veio a ser uma verdadeira tábua de salvação, quando atormentados pelas aporias da explicação estritamente econômica. O modelo é também uma estrela guia para os cientistas políticos que giravam em torno do Comitê de Política Comparada (CCP, sigla em inglês do Social Science Research Council, SSRC) – Gabriel Almond, Lucian Pye, David Apter e assim por diante.

A esse título, vale lembrar que a primeira conferência patrocinada pelo CCP, em 1955, girou em torno de dois documentos básicos. Gabriel Almond apresentou *Comparative political studies*. E Francis Sutton compareceu com Social *theory and comparative politics*, uma clara aplicação do esquema parsoniano – com a oposição entre dois tipos de sociedade (*agricultural* e *modern industrial*). Segundo Sutton, a transição transformaria radicalmente o papel integrador do sistema político, causaria estresse sobre o conjunto da sociedade e tornaria possível, quase provável, uma série de rupturas. O texto de Sutton teve muito impacto no evento e no

CCP, segundo o próprio Almond. Essa combinação delicada – mudança estrutural e desintegração – constituiria o cerne das preocupações dos reformadores e desenharia, com o tempo, um papel muito preciso para a intervenção dos reformadores *ex machina*, isto é, para a assistência técnica norte-americana. Indicaria, também, com o tempo, as alterações de humor da doutrina – do otimismo confiante inicial (década de 1950) ao semblante preocupado, cético e "realista" do final dos anos 1960. Da ênfase na democracia e no desenvolvimento para a relevância da ordem, da estabilidade.

Ainda que fornecendo à disciplina – e a essa particular aplicação – seu famoso quadro-guia das variáveis padrão, Parsons não escreveu, estritamente, sobre os países em desenvolvimento, mas, isto sim, sobre o que faria a especificidade do "Ocidente".[10] Era mais do que o suficiente para que abrisse uma estrada e delimitasse um campo, para cujo cultivo contou com a notável ajuda de Bert Hoselitz, Edward Shils e Marion Levy Jr. – este último discípulo direto de Parsons e autor de uma das metáforas mais difundidas do campo, *modernization as an universal solvent*.

Uma série de razões costuma ser apontada para explicar a presença soberana de Parsons nas análises do subdesenvolvimento e da modernização. Alinhemos algumas delas.

Em primeiro lugar, deve-se lembrar sua força no aparato de instituições intelectuais e na ciência social profissionalizada, quer no mundo acadêmico norte-americano, quer no amplo conjunto de centros independentes de pesquisa, financiados por fundações privadas.

---

[10] Em *Sociedades – perspectivas evolutivas e comparativas*, por exemplo, discute "a singularidade do desenvolvimento inicial do tipo societário moderno no Ocidente" para, então, perguntar "por que a passagem para a modernização não se deu em qualquer das civilizações intermediárias do 'Oriente'" (p.15).

Em segundo, não é pouco relevante o fato de que Parsons sistematizou, insistente e pacientemente, um modelo explicativo razoavelmente globalizante e versátil para entender e comparar diferentes modos de organização social – entre países ou na trajetória própria de cada país. Em terceiro lugar, registre-se o modo pelo qual sua teoria evolutiva (tradicional/moderno) encaixa-se em uma velha tradição, a de olhar as diferenças civilizatórias por intermédio de dicotomias, tradição que é familiar a muitas e variadas teorias sociais produzidas no Ocidente.[11]

De quebra, a elaboração de Parsons também se encaixa como uma luva na expectativa – igualmente popular e cara ao estamento profissional dos cientistas norte-americanos – de implantar uma "engenharia política", uma ação reformadora (e sistemática) das instituições e práticas sociais pelo conhecimento, por técnicas de previsão e controle. Por fim, mas não menos importante, cabe lembrar a conveniência política, em sentido amplo, de seus arrazoados.

Considerados todos esses fatores, talvez valha para Parsons o comentário de Keynes a respeito do domínio intelectual de David Ricardo na Inglaterra: "Ricardo conquistou a Inglaterra de maneira tão completa como a Santa Inquisição conquistara a Espanha". (Keynes, 1983, p.34). O domínio de corações e mentes pela economia ricardiana não deveria ser creditado apenas à consistência lógica da doutrina, que aliás Keynes repõe em causa, mas ao fato de que esse discurso está embasado em argumentos não explícitos, mas muito fortes. Aliás, essas premissas seriam tanto mais fortes quanto mais implícitas, uma vez que assim conseguem sobreviver

---

[11] Lucian Pye comenta a inserção de Parsons em tal tradição. Ele e muitos outros lembram Durkheim, Maine e Tonnies como imediatos referentes. Podemos, contudo, fazer recuar essa marca para a filosofia do direito de Hegel, em sua famosa comparação entre Ocidente e Oriente. Marian Sawer vai ainda um pouco além, em sua tentativa de recuperar a trajetória do conceito marxista de modo de produção asiático (SAWER, 1977).

intocadas, sob a forma de práticas e interesses profundamente arraigados. Isso explicaria a vitória de Ricardo na polêmica com Malthus: o "complexo de afinidades entre sua doutrina e o meio em que foi lançada". Para os estadistas e o mundo acadêmico, diz Keynes, o "celebrado otimismo da teoria econômica tradicional" teria oferecido argumentos elegantes, sofisticados e "virtuosos" (pela dureza e austeridade) compatíveis com sua utilidade sociopolítica: apresentar injustiças como inevitáveis, tentativas de reforma como nocivas e os interesses exclusivos dos capitalistas como justificados.

A interpretação de Latham reforça a última das circunstâncias antes mencionadas – a conveniência ou adequação ideológica. A seu ver, a teoria da modernização:

> foi também uma ideologia, um quadro conceitual que articulou um conjunto comum de asserções sobre a natureza da sociedade americana e sua capacidade de transformar o mundo, entendido como deficiente tanto do ponto de vista material quanto do cultural ... [o que, acrescenta] ... ilumina o profundo papel da ciência social no exercício do poder americano. (Latham, 2000, p.5)

E conclui por afirmar, mais adiante, que, nas duas décadas a que nos referimos, a teoria da modernização tornou-se o princípio organizador central nas investigações desse campo (Latham, 2000. p.36).[12]

---

[12] Cf. ainda o depoimento de C. Pletsch: "Hoje é moda ridicularizar a teoria da modernização, mas nos anos 1950 e 1960, quase todo mundo era afetado por ela. E se a verdade fosse conhecida, ficaria claro que muito poucos cientistas encontraram alternativas reais à teoria mesmo agora" (PLETSCH, 2000, v.I, p.62).

Vale reproduzir o comentário de Latham, ainda que longo:

> Em um estudo preparado pelo SSRC, o próprio Talcott Parsons insistiu nesses dois temas. Uma análise social objetiva, argumentou ele, poderia fornecer as ferramentas fundamentais necessárias para moldar o futuro do mundo: "Nós temos ou podemos desenvolver um conhecimento das relações sociais humanas que possam servir como a base do controle racional de planejamento? ... Pelas evidências que examinamos, a resposta é inequivocamente afirmativa. A ciência social é uma preocupação contínua; o problema não é criá-la, mas utilizá-la e desenvolvê-la. Aqueles que ainda debatem se o estudo científico da vida social é possível estão muito atrás de seu tempo. Já está aqui, e esse fato encerra o debate". Os cientistas sociais, declarou Parsons com confiança, eram como médicos engajados em pesquisa biológica sobre as aflições humanas. Por meio de estudos rigorosos e objetivos de um certo número de casos, eles construiriam um reservatório de conhecimento valioso para tratar todos os tipos de patologias.
>
> As lições de eventos como o debate da NSF (National Science Foundation – RCCM) ficaram claras para muitos ilustres cientistas sociais. Já que a maior parte dos fundos de pesquisa federais estava indo para as ciências físicas, e já que as universidades cada vez mais premiavam seus docentes assegurando apoio institucional, caberia aos pesquisadores sociais emular o modelo das ciências "duras" [as ciências formais, tais como as exatas e as ciências naturais clássicas]. Muitos pensadores sociais, é claro, foram atraídos por retóricas e modelos mais "científicos" pela sua própria avaliação do que suas disciplinas necessitavam para obter avanços concretos de conhecimento. O contexto institucional, porém, certamente contribuiu para esses modismos. Do fim da década de 1940 em diante, os cientistas sociais em busca de financiamento, *status* profissional e inclusão na rede criada pelas preocupações da

Guerra Fria voltaram-se para uma retórica que combinava alegações de relevância pública com asserções de objetividade rigorosa. (Acréscimo no texto é da tradução brasileira.) Na era McCarthy, além disso, esse tipo de estratégia tinha vantagens adicionais. Ciências sociais que fossem consideradas excessivamente críticas da vida doméstica da nação eram acusadas de serem antipatrióticas, e os conservadores apressavam-se em denunciar tais pesquisas de serem fachadas para "ideologias" subversivas de esquerda. Para se protegerem desses ataques, Harry Alpert, um sociólogo contratado pela NSF, recomendou que seus colegas "evitassem identificação com os movimentos de reforma social, atividades em favor do bem-estar social e, especialmente, a infeliz relação fonética com o socialismo". Alegações de rigorosa objetividade serviriam para evitar quaisquer acusações de conteúdo subversivo e promover um senso de progresso intelectual. Os cientistas sociais deixariam claro que estavam do lado certo da batalha da Guerra Fria e ajudariam a assegurar a vitória dos Estados Unidos. (Latham, 2000, p.49)

Em certo momento de seu combate pela profissionalização da ciência social, Parsons perguntara se era possível desenvolver estudos que levassem a um *engineering control*. Mas, de fato, não perguntava, exercia a retórica. Desde o início, a resposta era dele conhecida: "sim, podemos e devemos". E por isso asseverava que o problema não era o de criar, propriamente, essa via, mas de usar e desenvolver algo que já vinha fazendo parte do acervo de técnicas e saberes disponíveis. Aqueles que perguntam "se...?" , advertia, estão defasados no tempo – as coisas estão aqui e esse fato acaba com o argumento. Na sociologia alemã – que Parsons de modo algum ignorava, muito pelo contrário – essa percepção era também muito popular, talvez em um modo mais trágico, menos otimista. Basta lembrar que esse é um tema obsessivo de Karl

Mannheim, desde a década de 1930, pelo menos. O cultivo do planejamento – como técnica de controle social, de saber que substitui o costume e os automatismos socioeconômicos idolatrados pelo liberalismo oitocentista – não é algo que possamos "escolher não usar", adverte Mannheim: será utilizado para o bem ou para o mal, portanto é melhor enfrentá-lo pela melhor via, a via do chamado planejamento democrático, alternativa ao planejamento totalitário, que se identificava com o nazismo e o comunismo.

Consideradas estas explicações plausíveis de seu sucesso, resta saber quais os projetos de Parsons para modelar essa nova forma de fazer ciência social e engenharia política. Parsons, pode-se dizer, tentou estabelecer o que considerava categorias fundamentais e fundadoras da sociologia da modernização – tentou, enfim, redigir uma espécie quase kantiana de "Prolegômenos a toda sociologia futura que queira se apresentar como ciência".[13]

Vejamos, então, com algum vagar, quais os pontos desse enquadramento que se revelaram importantes para a teoria da modernização.

Parsons, como se sabe, antes de se tornar um cientista social, graduou-se em biologia, o que, de certo, não foi indiferente ao modo pelo qual passou a encarar a sociedade, com o emprego de conceitos e imagens como organismo, funções, adaptação, equilíbrio homeostático, e assim por diante. Entendendo que há quatro imperativos funcionais necessários em todo sistema social, ele os definiu com o esquema conhecido pela sigla AGIL:

- A, de *Adaptation*: todo sistema deve adaptar-se a seu entorno e adaptar esse entorno a suas necessidades. Em

---

[13] O tema já fora discutido com mais detalhe por Richard Munch (1992), em artigo originalmente publicado no *American Journal of Sociology*, em 1981. (In: Hamilton, 1992, v.III, p.47-73).

grande medida, esse é o terreno das atividades econômicas de produção, distribuição etc.

- G, de *Goal attainment*: capacidade para alcançar metas; um sistema deve definir e alcançar suas metas fundamentais. Em grande medida, é aqui que se inscrevem a política, as instituições de governo, os objetivos sociais, a mobilização de esforços coletivos.
- I, de *Integration*: a comunidade social, as instituições legais, a religião – o sistema deve regular a relação entre seus componentes e controlar a relação entre os outros imperativos funcionais, A, G y L.
- L, de *Latency*: manutenção de padrões; um sistema deve proporcionar, manter e renovar a motivação dos indivíduos e as pautas culturais que o integram. Aí figuram as instituições socializadoras (família, escola), transmissão de cultura, normas, valores.

Desse modo, o que Parsons legou à teoria da modernização foi, antes de tudo, uma teoria geral da ação social – que, na verdade, é uma teoria funcional da sociedade e, ao mesmo tempo, uma filosofia da história.

Uma teoria da sociedade – um quadro conceitual e terminológico, um conjunto de definições exposto de maneira enfática, por vezes enfadonha. Um conjunto de sentenças com valor axiomático e outro, derivado, à moda de teoremas e leis. Enfim, um quadro terminológico e conceitual que permitisse caracterizar a natureza de cada sociedade e de seus componentes e, ainda, que viabilizasse a comparação de sociedades diferentes, com seus equivalentes funcionais. Nessa teoria, sublinha-se a existência de um elemento comum (quadro de estruturas e funções inerentes a toda sociedade possível) e um elemento plural, isto é, os diferentes modos pelos quais essas estruturas e funções se realizam nas

TEORIA DA MODERNIZAÇÃO 139

diferentes sociedades, com suas equivalências e dissonâncias. Unidade do diverso. O centro do elemento comum é a grade de cinco variáveis padrão dicotômicas (tradicional/moderno), que comentaremos mais adiante.

Eisenstadt, em texto retrospectivo (1970), avalia que a "modern sociological theory views social disorganization as a starting point for studiyng the mecanismos of social order". (1970, p.3). Talvez sejam esses os termos do problema, mas não necessariamente nessa ordem. Como se sabe, o "problema hobbesiano da ordem" era uma obsessão de Parsons. A referência a Hobbes remete à teoria do contrato. Ora, o modelo intelectual do contrato, esse constructo decisivo no albor da ciência política moderna, supunha, de fato, um ponto de partida turbulento – o estado de natureza. Mas, a rigor, na elaboração dos grandes contratualistas, era o modelo da sociedade *existente* – a ordem política, e não o estado de natureza, a ausência dessa ordem – que funcionava como ponto de alavanca, como elemento pelo qual se podia reconstituir o conjunto das condições precedentes (a *social disorganization*). É assim com Hobbes, no meio das guerras civis inglesas, com Locke, no espocar da "Revolução Gloriosa". É ainda assim com o Rousseau do *Discurso da desigualdade*, um século mais tarde. O novo, o presente, o atual precede, logicamente, o velho, do qual se deriva, cronologicamente, mas que é derivado, de modo retrospectivo, da análise grandemente especulativa.[14]

---

[14] É Rousseau quem mais sublinha esse caráter especulativo e lógico, para o qual os fatos são em certa medida secundários, coadjuvantes. Intuições extraídas da vida comum, cenas de guerras e disputas, relatos de viajantes sobre comunidades "primitivas", introspecção mergulhando nos mecanismos "primitivos" da alma humana etc. Esses elementos ilustram e corroboram o quadro analítico imaginado, a "experiência em pensamento" do estudioso.

Há, também, no modelo parsoniano, como dissemos, uma filosofia da história. A teoria da sociedade não estabelece apenas a dicotomia como um diferenciador estático, mas, também e sobretudo, como um identificador do sentido da mudança social e de sua possibilidade de medida, aferição.

É uma filosofia da história, com viés normativo. A história tem um sentido e uma evolução. No "tribunal" da história hegeliano, os diferentes povos e as formas civilizatórias tinham, cada um, sua vez e sua hora. Esse desfile vigorava até que o espírito absoluto encontrasse a si mesmo na consciência da liberdade interior. Findo o dia, e só então o "mocho de Minerva" poderia alçar seu voo. Por isso, o fim do dia, ou o que nele se revela, é padrão imprescindível para entender o sentido daquilo que o precede. Na filosofia hegeliana da história, esse destino do mundo é determinante para explicar, dar sentido a essa perambulação aparentemente errática. Na formulação de Marx, largamente herdeira de Hegel, temos constructo similar: a anatomia do homem é chave para entender a do macaco, as forças dinâmicas do capitalismo são a chave para entender a natureza e as contradições (potencial de mudança) do modo de produção feudal.

Na formulação parsoniana dessa visão teleológica, a sociedade moderna, quando comparada com a tradicional, tem a vantagem de saber adaptar-se a situações cambiantes. Sobrevive a desafios. Não se deixa levar, leva. Não se deixa destruir – destrói, se reconstrói. O "solvente universal" da modernização (expressão do discípulo Marion Levy Jr.) desagrega e *reintegra*, gerando instituições especializadas (escolas, hospitais, asilos, creches, por exemplo) que dão conta de funções antes embutidas em uma única instituição (a família estendida). O polo moderno tem duas virtudes capitais: a) a capacidade de transformar o mundo atrasado, que, como diz Latham, é entendido como algo deficiente (ainda não moderno), tanto do ponto de vista cultural quanto

TEORIA DA MODERNIZAÇÃO 141

material; b) apontar para um destino – desejável e provável, quase uma inclinação da gravidade – já que o ser "moderno" significa capacidade maior de adaptação a circunstâncias cambiantes, capacidade maior de responder a desafios externos. As sociedades modernas mantêm a ordem social porque "criam instituições mais elevadamente especializadas, utilizam mais os recursos naturais, desenvolvem um ambiente político mais inclusivo, formalizam seus sistemas essenciais de valores em códigos que podem ser progressiva e deliberadamente modificados" (Latham, 2000, p.34).

Alias, é o próprio Parsons que lembraria isso, em outro momento:

> Para ser um evolucionista, é preciso definir uma tendência geral na evolução – não é possível ser um relativista cultural radical que considera os Arunta da Austrália e algumas sociedades modernas, como a União Soviética, "culturas" igualmente autênticas, que devem ser julgadas como iguais em todos os aspectos básicos. A nossa perspectiva evidentemente supõe juízos evolutivos ... Tentei fazer com que meu critério básico fosse coerente com o usado na teoria biológica, e denominei mais "adiantados" os sistemas que apresentam maior capacidade adaptativa generalizada. (Parsons, 1969, p.171)

Note-se que há, aí, duas demonstrações de capacidade: a de manter o equilíbrio interno – sintetizado por vezes na metáfora biológica da homeostase – e, ao mesmo tempo, a de responder (mudando-se) ao também mutante ambiente externo. E são duas virtudes ou inclinações que se determinam reciprocamente. É porque tem a primeira delas que a sociedade moderna, e apenas ela, pode operar a segunda. E operar a segunda é indispensável para permitir a primeira (a homeostase).

Vejamos agora, um pouco mais de perto, o modelo analítico das variáveis padrão dicotômicas – estratégicas para toda a teoria da modernização. Para isso, devemos dar atenção a dois pequenos textos fundamentais de Parsons:

1. Em *The social system*, a seção intitulada "The pattern-alternatives of value-orientation as definition of relational role-expectation patterns".
2. Em *Toward a general theory of action*, os capítulos iniciais da segunda parte. Aqui, a argumentação é mais desenvolvida, mais completa do que no texto anterior.

Logo na Introdução, o *Toward*... define as cinco variáveis:

O esquema das variáveis define um conjunto de cinco dicotomias. Qualquer curso de ação, de qualquer ator, implica (de acordo com a teoria) uma pauta de escolhas com respeito aos cinco grupos de alternativas. Ignorando a terminologia técnica, podemos definir as cinco dicotomias como segue: a primeira delas compreende, por um lado, a aceitação de uma oportunidade de gratificação sem considerar suas consequências, e, por outro, avaliá-la levando em conta suas consequências. A segunda consiste em considerar um ato levando em conta apenas sua significação pessoal, ou então considerá-lo levando em conta suas consequências para um código moral ou uma coletividade. A terceira trata da avaliação do objeto de uma ação em termos de suas relações com um marco de referência generalizado, por um lado, ou uma avaliação em termos de suas relações com o ator e as relações específicas que este mantém com os objetos, por outro. A quarta consiste em ver o objeto social, para o qual se orienta a ação, como um composto de aquisições (ações) ou vê-lo como um composto de qualidades adscritas (atribuídas). A quinta dicotomia consiste em conceder, ao objeto social para o qual se orienta a ação, um conjunto indefinido de direitos (limitados apenas pela possível existência de outras demandas), ou então conceder a esse mesmo objeto social um conjunto claramente especificado de direitos. (Parsons, 1961, p.68-9)

E agrega em nota, para esclarecer os "cinco grupos de alternativas":

As ações podem ser aquelas que ocorrem no curto ou no longo prazo; podem ser as concretizadas ou as planejadas, as prescritas ou as já cumpridas. Uma ação a longo prazo pode estar composta por sequências de ações de curto prazo. Uma ação planejada pode ocorrer ou não ter uma ação concreta; da mesma maneira, um curso de ação prescrito pode ou não cumprir-se. Não obstante, qualquer curso especificável de ação, a curto ou longo prazos, proposto ou concretizado, prescrito ou cumprido, é teoricamente analisável nos padrões de escolha fixados por essas cinco dicotomias. (Parsons, 1961, p.68-9)

Parsons estabelece como centro da teoria a seleção entre possibilidades alternativas. A partir daí, temos o processo avaliativo e, por último, as normas de valores. A ciência social tem de responder a perguntas como: "Para que se esforça este ator? E não a: "O que tem de fazer para sobreviver?" Ela se pergunta, também: "Sobre o que se baseia o ator para escolher?". A resposta geral de Parsons, para esse tipo de perguntas, é que os valores culturais internalizados constituem o fundamento principal de tais orientações seletivas.

A seu ver, trata-se de focalizar "a análise da estrutura do sistema de alternativas, e não a dos determinantes que operam para selecionar entre elas". Isso posto, ele discute "os dilemas de orientação".

Expõe uma espécie de quadro apriorístico das escolhas do ator – ou, antes, de suas condições de possibilidade, a "estrutura do sistema de alternativas".

Segundo Parsons, "o ator deve fazer uma série de escolhas *antes* que a situação tenha um significado determinado". Mais precisamente: "deve fazer cinco escolhas dicotômicas específicas *antes* que qualquer situação tenha um significado determinado".

Nesse momento da argumentação, Parsons percebe a necessidade de fazer uma nova e mais detalhada descrição das variáveis, complementar àquela que antes comentamos. É o que aparece no Capítulo 1 de *Toward a general theory of action*: "As categorias da orientação e a organização da ação". E dá uma forma mais acabada a seus famosos cinco vetores analíticos:

> Com o risco de sermos repetitivos, que nos seja permitido assentar nossa definição: uma variável padrão é uma dicotomia, um de cujos polos deve ser escolhido pelo agente antes que o significado da situação se ache determinado para ele e, em consequência, antes que possa atuar nessa situação. Afirmamos que só há cinco variáveis padrão básicas (isto é, variáveis deduzidas diretamente do marco de referência da teoria da ação) e que constituem um sistema, no sentido de que são todas as que podem ser derivadas deste marco ... São:
> 1. Afetividade – Neutralidade afetiva.
> 2. Orientação para si mesmo – Orientação para a coletividade.
> 3. Universalismo – Particularismo.
> 4. Adscrição – Desempenho.
> 5. Especificidade – Difusividade.

Note-se a observação que Parsons faz, neste texto, sobre os dois últimos pares de variáveis: "Tudo depende de como o ator decide vê-los (os objetos sociais) ou como está culturalmente condicionado para vê-los". Se assim é, pode-se perguntar se realmente estamos diante de "escolhas". Mas, de fato, no arrazoado de Parsons, há diferentes momentos ou níveis de escolhas, escolhas que depois redefinem situações e condicionam não escolhas. Por isso Parsons enfatiza: "uma variável padrão é uma dicotomia em que um dos polos deve ser escolhido pelo ator antes que o significado da situação se ache determinado para ele e, em consequência, antes que possa atuar nessa situação" e "as variáveis padrão delineiam preferências, predisposições ou expectativas alternativas".

As variáveis de Parsons, com sua dicotomia tradicional/ moderno, teriam forte impacto, repetimos. Transformaram-se em portadoras de uma responsabilidade, que é também uma esperança: superar o limite estreito da economia do desenvolvimento. Foram, ainda, o ponto de partida e o quadro delimitador do trabalho de seu discípulo Marion Levy Jr. e de Bert Hoselitz – na sociologia da modernização.[15] E, nas décadas seguintes, teriam também presença nada desprezível nos trabalhos de política comparada e de "psicologia política" de autores como Almond, Pye, Inkeles, McClelland, para citar apenas alguns.

No meio do período histórico que nos interessa – em 1960, precisamente – Wilbert Moore chamou atenção para a ossificação do modelo de Parsons nessa sociologia, algo que julgava problemático:

> A concepção de um sistema social "integrado", que orienta boa parte dos textos de sociologia contemporânea – muitas vezes

---

[15] Para ilustrar a presença de Parsons na América Latina, referência deve ser feita aos estudos de Gino Germani, como seu artigo de 1962, "Clases populares y democracia representativa em America Latina", reeditado em COSTA PINTO; BAZZANELLA, 1967. Breve apresentação da trajetória de Germani e de sua influência nas instituições argentinas de pesquisa e ensino superior pode ser encontrada no livro de Federico Neiburg, *Los intelectuales y la invención del peronismo*. (NEIBURG, 1998, cap. V, "Gino Germani y la sociología científica").

implicitamente – é um modelo útil para muitos propósitos, mas é claramente contrário aos fatos ...

Os textos sociológicos estão cheios de classificações dicotômicas, começando de tipos culturais, passando por formas de coesão ou relação sociais e chegando a pares de alternativas normativas. Embora esses modos de classificação sejam "primitivos", no sentido de que praticam análise em termos de atributos em vez de variáveis, eles não são inúteis. É o início da sabedoria identificar as dicotomias como extremos polares em um espectro de variações, e é o continuar da busca da sabedoria notar que tipos "puros" não existem concretamente. Um ganho sem dúvida considerável de sabedoria resulta, entretanto, de reconhecer os pares de alternativas como princípios conflitantes da organização e da regulamentação social, sendo ambos persistentes no sistema. A institucionalização predominante de uma alternativa não refuta nem descarta sua contraparte. (Moore, 1970, p.131-3)

Entre os seguidores de Parsons, cabe desde logo expor a posição de Hoselitz, que fez insistente uso do modelo e tentou generalizar suas aplicações, com especial ênfase no campo que nos interessa, a análise do subdesenvolvimento.

3.3.1 Hoselitz – do desenvolvimento econômico à mudança cultural

Bert Hoselitz nasceu na Áustria e graduou-se em Direito, na Universidade de Viena. Mestre em economia pela Universidade de Chicago, passou a integrar seu corpo de professores em 1945. Dirigiu grande número de missões – a serviço da ONU, principalmente –, organizou conferências e coordenou numerosos estudos, também para a ONU ou para o governo norte-americano

TEORIA DA MODERNIZAÇÃO 147

(sobretudo para o Congresso e para a National Science Foundation). Em 1952, fundou a revista *Economic Development and Cultural Change*, que encarna, como nenhuma outra, o esforço de pesquisa interdisciplinar a respeito das chamadas "nações jovens", nascidas depois da Segunda Guerra Mundial. Hoselitz comandou a revista até 1985. Uma das conferências que organizou – de certo modo, embrião da revista – foi realizada em 1951, dando origem à coletânea *The progress of underdeveloped areas* (publicada em 1952). O livro reúne um conjunto notável de contribuições, incluindo a primeira aparição do famoso ensaio de Gerschenkron a respeito do "atraso em perspectiva histórica" e das "vantagens dos retardatários"; traz, também, um dos primeiros ensaios de Albert O. Hirschman sobre o tema.

No Prefácio do livro, Hoselitz acentua a preocupação do evento (e sua obsessão pessoal): o estudo do desenvolvimento econômico em compasso com as mudanças culturais que a ele se associam.[16] Sua pergunta de partida – "O que é desenvolvimento econômico?" – desdobra-se em outra: "Em qual medida a história passada do desenvolvimento econômico dos países mais avançados pode servir como modelo para o presente e imediato futuro dos países subdesenvolvidos (se é que isso é possível)?" (Hoselitz, 1952, p.V). E, daí, tenta identificar os traços culturais propiciadores da inovação e, eventualmente, que não estariam presentes naqueles países.

Por que a ênfase nesses níveis da realidade, o social e o cultural? A resposta de Hoselitz, no texto de 1951, indica o fulcro de sua sociologia do subdesenvolvimento. Indica, também, um dos

---

[16] Visível até menos no título de seus artigos mais famosos – "Non-economic barriers to economic development" (1952, EDCC); "Social structure and economic growth" (1953, Economia Internazionale), "Non-economic factors in economic development" (1957, AER) – e no livro de 1960, *Sociological aspects of economic growth* (1960).

temas decisivos na teoria da modernização, em geral. Vejamos. Hoselitz lembra, em primeiro lugar, que os fatores que determinam o ritmo da inovação, os usos da renda, a forma e a taxa de poupança residem nas condições culturais e sociais de uma dada população, não em sua economia. A segunda parte da resposta dirige o olhar para o sentido inverso desse fluxo: o desenvolvimento planejado exige ou implica uma contabilidade social, uma estimativa dos impactos e custos sociais. Os custos da desorganização social, o mal-estar físico e mental que pode resultar da urbanização, o incremento do crime e de outras formas extremadas de conflito, o desenvolvimento de discriminação étnica e numerosos outros aspectos de desorganização pessoal e grupal que costumam ser vistos como anômicos – a identificação desses resultados, nem sempre previstos e certamente não desejados (talvez até impeditivos da modernização), coloca em pauta a necessidade de pensar, desde logo, os novos serviços sociais necessários para a passagem. O "engenheiro social" do desenvolvimento não pode fugir dessas tarefas.

Na Apresentação de outra coletânea, também resultante de Conferência que organizara, em 1960, Hoselitz voltaria a esse tema, em uma clave que interessa ainda mais de perto ao desenrolar de nosso argumento.[17]

Mais uma vez, Hoselitz sublinha a relevância do modelo de variáveis de Parsons, sobretudo três dos cinco pares: escolha entre modalidades do objeto social (êxito profissional *versus* atribuição); escolha entre critérios na orientação dos valores (universalismo *versus* particularismo); definição ou delimitação da intensidade de

---

[17] Conferência promovida pela International Social Science Council, em 1960. A coletânea, em dois volumes, foi publicada no Brasil (HOSELITZ; WILBERT, 1966). A apresentação de Hoselitz é: "Principais conceitos da análise das repercussões da transformação técnica".

interesse concentrada no objeto (especificidade *versus* difusão). E destaca que as sociedades industrializadas caracterizam-se pelo predomínio do primeiro termo dos pares (Hoselitz, 1960, p.19). Desse modo, faz notar que os fatores principais, determinantes mesmo, para o desenvolvimento e a modernização residem na "estrutura psicológica da população". Afirma, nesse sentido, que a disposição ou propensão para fazer economias e dirigir empresas "decorre de atitudes 'endêmicas' das sociedades tecnicamente avançadas" (Hoselitz, 1960, p.25). A passagem a seguir é particularmente elucidativa:

> podemos sustentar que as disposições motivacionais para a poupança, industriosidade e inovação são condições prévias do progresso técnico e econômico ... [mais ainda quando] se acham presentes as instituições em cujos quadros eles encontram seu campo de ação. Entre as principais instituições que serviram de apoio a essas atitudes no mundo ocidental contam-se as que resultaram da legitimação do interesse e da aprovação social do lucro máximo como objetivo da atividade econômica. (Hoselitz, 1960, p.25-6)

Temos aí, portanto, fatores determinantes para o sucesso da política reformadora. Em contrapartida, sua ausência ilumina os obstáculos, os gargalos do processo. O caráter não endêmico de tais propensões, nos países atrasados, permite pensar, desse modo, na necessidade e no modo de fazê-las existir. A modernização dos países subdesenvolvidos é esse desafio – aquele que se põe, inclusive, para os cientistas sociais do centro do mundo, o centro moderno. Estes, contudo, podem também prever o engendramento de efeitos perversos do processo. Marion Levy Jr. diz que a modernização é um "solvente universal". Ora, até por isso mesmo, e levando a sério a metáfora, o solvente não se basta. É o que vemos a seguir.

3.3.2 O solvente da modernização e os modos de produzir a reintegração na ordem

Marion J. Levy Jr., discípulo imediato de Parsons em Harvard, levou às últimas consequências uma das grandes preocupações do mestre: a elaboração de uma teoria geral da ação social tão geral que sobrevivesse a grandes distâncias no tempo e no espaço. O livro *The structure of society*, 1952, respondia a esse intento. Quinze anos mais tarde, *Modernization & the structure of societies* tenta aplicar esse quadro analítico ao problema da mudança social ou, antes, a determinada mudança, aquela que se observava na passagem da sociedade tradicional para a moderna. Este último livro, um tratado de quase mil páginas, tem perguntas muito focadas:

> Quais são os aspectos ou grandes linhas de variação que pesam sobre elas? O tratamento das segundas ativou, por sua vez, a distinção entre sociedades relativamente modernizadas e relativamente [não?] modernizadas. (Levy Jr., 1966, p.795)

Localizado neste momento muito especial da teoria da modernização – um ponto de sua história em que os balanços e as revisões contestam os otimismos do ponto de partida – não é por acaso que o estudo de Levy Jr. define nesses dois termos os *foci of problems in public affairs*: modernização e estabilidade. Os dois termos, em certa medida, encarnam a mudança de humor da teoria.

Nosso autor destaca um efeito, no processo de mudança social que chama de modernização: as implicações em vários níveis, a interdependência dos setores, o fato de a mudança não poder ser "escolhida" e "estancada" neste ou naquele aspecto, o fato de ser um todo – e um todo complexo. E isso conduz seu olhar para o problema da estabilidade.

Levy Jr. distingue duas situações em que uma estrutura social pode mudar rapidamente. Uma delas, a que se dá sob uma liderança carismática. A outra, mais provável, é a que decorre da introdução de estruturas de sociedades relativamente modernizadas em um contexto de sociedades relativamente não modernizadas. Dá-se o fato de que: "social changes of any sort are exceedingly likely to erode the general structures of control in the society concerned" (Levy Jr., 1966, p.798). Emergem, então, problemas candentes da mudança social: a velocidade desnorteadora, a intolerância, os ajustes e desajustes. Principalmente quando as mudanças são revolucionárias, diz Levy, elas são "vulneráveis a reações fundamentalistas". As reações manifestam-se sobretudo em indivíduos ou grupos deslocados pelas mudanças, indivíduos ou grupos que podem idealizar certo passado como alternativa ao novo cenário.

Uma das mais instigantes e reveladoras passagens de seu livro de 1967 é aquela em que discorre sobre *the nature of the solvent* e discute as vantagens e desvantagens com as quais se defrontam os países *latecomers*.

Comecemos pelas vantagens. São relacionadas pelo menos cinco. A primeira diz respeito à disponibilidade de mapas intelectuais/ideológicos que orientariam os retardatários na escolha do caminho e do porto de chegada, dispositivos que não estavam à mão dos países pioneiros e de suas elites. A segunda vantagem consiste na possibilidade de tomar de empréstimo ou mesmo incorporar, sem custos, avanços já acumulados pelos pioneiros, no plano do conhecimento tecnocientífico, das experiências organizativas ou da acumulação de capitais. A terceira vantagem consiste na possibilidade de saltar etapas e utilizar as *últimas* invenções e práticas dos pioneiros e não as que já entraram no terreno da obsolescência (e que, por vezes, os pioneiros são forçados a conservar parcialmente). A quarta vantagem também envolve conhecimento similar ao da primeira: a possibilidade de saber para onde o processo leva, observando o comportamento dos outros. A última vantagem é a possibilidade de contar com a assistência (técnica ou material) dos países já modernizados.

Se esses são pontos favoráveis aos novos ingressantes na corrida, há também aspectos negativos do retardo. O primeiro é a imposição de uma escala nos empreendimentos – sejam eles quais forem, inclusive a educação, os meios de comunicação, as instituições públicas. Os novos países não estão dimensionados para essas escalas. O módulo mínimo do investimento é, em muitos casos, desproporcional às disponibilidades do jovem país. O segundo problema é o já mencionado caráter complexo e global do processo modernizador – a interdependência dos vários níveis e setores da sociedade em mutação. Daí temos um conjunto de dificuldades: desintegração, desajuste, dissolução de mecanismos de controle antigos sem o equivalente e coetâneo desenvolvimento de novos, erosão rápida desses controles, desordem, violência, frustração decorrente da evidência dos fossos de desigualdade – os já existentes, quando comparados com os países desenvolvidos, e aqueles que a própria modernização provoca no interior da sociedade cambiante.

A simples enumeração desses fatores negativos/positivos já é suficiente para inferir porque Levy Jr. emparelha os dois termos a que fizemos referência logo no início desta seção – modernização e ordem. As vantagens e desvantagens dos retardatários apontam para a existência de desajustes que figuram, nos jovens países, como se fossem dores do parto. E dores muito fortes podem induzir eclâmpsias. Temos comentado – e voltaremos a fazê-lo ao examinar a produção dos cientistas políticos vinculados ao Comitê de Política Comparada do SSRC – que este enquadramento, em certa medida e de modo emblemático, retrata a trajetória da teoria da modernização, do otimismo confiante de 1950 ao ambiente mais cético e pessimista do final dos anos 1960. A estabilidade e a ordem parecem cada vez mais desvinculadas do desenvolvimento e da modernização sociopolítica. Por vezes, essa relação é mesmo de forte conflito. O velho lema positivista de "ordem e progresso" parece ver empalidecer um de seus termos, acabrunhado diante das exigências do outro.

3.3.3 Da sociologia à política

Em 1950, David Riesman e Nathan Glazer publicaram um famoso estudo de "psicologia política" ou "psicologia social" – *A multidão solitária*: um estudo da mudança do caráter americano. No prefácio que escreveu especialmente para a edição brasileira, de 1970, Riesman, agora "solo", comenta:

> Em 1969, em preparativos para uma nova edição americana de *A multidão solitária*, reli cuidadosamente o trabalho, pela primeira vez em uma década. Na leitura, dei-me conta do quanto se alterava, graças aos estudos recentes, o quadro da América do século dezenove, que o livro usa para fins comparativos; e, como é natural, vieram-me à memória as tremendas mudanças de perspectiva ocorridas na classe média americana desde 1950. O livro apareceu numa época em que a maioria dos americanos, talvez, incluindo mesmo nossos intelectuais, sentia-se relativamente confiante quanto ao futuro da sociedade industrial; agora, em 1970, essa fé no progresso parece quase irreparavelmente destroçada, fato que é indubitável no caso dos intelectuais, mas também no de muitos outros americanos, cultos ou não. (Riesman, 1971, p.8)

Essa também era a mudança de tom nos estudos sobre a modernização do Terceiro Mundo. O balanço de Riesman, em 1971, já não conta com a parceria de Glazer. Este, ainda mais sintomaticamente, viria a se tornar, pouco depois, com *The limits of social policy* (Glazer, 1988), um dos grandes nomes do neoconservadorismo, da crise do liberalismo reformador, da crítica do *welfare state*. Como disse, Glazer representa, de modo emblemático, a virada de opinião liberal no que diz respeito à política interna – em simetria e correspondência com a virada, no plano externo, no modo pelo qual se encara a modernização dos países periféricos e sua integração no sistema global. Nesse trajeto, os evangelhos do desenvolvimento e da democracia cedem espaço, paulatinamente, para a busca da estabilidade, com os custos cabíveis. E os custos incluem, eventualmente, a transformação de velhas "pombas" democratas em novos "falcões", republicanos ou assimilados.

Em passagem anterior, sublinhamos que a teoria da modernização, ainda que focalizando o mundo de fora, os países atrasados, tinha uma inegável âncora interna: é com base em uma reconstrução da imagem da "América", uma reconstrução conveniente, complacente e conivente, que se enquadram as "distorções" e os potenciais de evolução dos países atrasados. Ao mesmo tempo, é pela contemplação deste outro, "eles", que se mira a imagem do "nós". E, se o fim da história, o suprassumo do moderno, está nos Estados Unidos, em seu modelo de sociedade, isso implicitamente nega ou reduz a necessidade de reforma estrutural doméstica. Agora é esse moderno rooseveltiano, esse moderno do New Deal, que é posto em causa, no plano interno e na política exterior.

No albor da teoria da modernização, a sociedade norte-americana figurava como uma imagem reguladora, ou seja, do ponto para o qual tendiam ou deveriam tender, de algum modo, os jovens países (e mesmo alguns dos velhos). Como dizia, na época, Karl Deutsch, "os jovens países se parecem cada vez mais com os Estados Unidos e menos com a Etiópia". Pye e Lapalombara prefeririam dizer que os recém-chegados viriam a ser "fac-símiles razoáveis" da sociedade anglo-saxônica. Findo esse sonho e atravessado o pesadelo tumultuado dos anos 1970, a "América" passaria a entender de outro modo o fim da história, bem como a cara e o lugar de cada um dos personagens desse cenário. Não se mais trata de constituir uma constelação de estrelas mais ou menos semelhantes (ainda que de diferentes tamanhos), com um projeto neoiluminista, universalizante, de democracias liberais mais ou menos acabadas. Trata-se, sim, de manter em ordem um espaço em que "caibam" essas diferenças, agora saudadas como irreparáveis. Um espaço hierarquizado. Para isso, talvez seja o caso *não* de criar imagens reduzidas ou adaptadas – fac-símiles razoáveis – dos Estados Unidos nos outros países, mas, isto sim, estrelas compatíveis com o sol e a ele complementares. São cenários muito diferentes, em seu desenho geral, com implicações sérias na natureza dos atores, em seus papéis e lugares, em seus resultados, nas políticas entrevistas como viáveis e recomendáveis.

3.4. Uma quase conclusão: a ciência da política comparada

Diversos comentadores destacam que, entre 1950 e 1970, os estudos sobre a modernização deslocam progressivamente seu foco: da democracia e dos valores da liberdade e da tolerância (como um caminho para o desenvolvimento) em direção ao problema da ordem institucional, do equilíbrio, da estabilidade.[18]

Assim, em um primeiro momento, vemos a ênfase nas instituições da democracia liberal "moderna", do pluralismo político

---

[18] A exposição dessa ideia é recorrente em vários estudos. Cf., por exemplo: O'BRIEN, 1972; LATHAM, 2000; GENDZIER, 1985; GILMAN, 2003; TIPPS, 1973.

e dos comportamentos tolerantes, seculares, como requisitos para o desenvolvimento econômico. Em seguida, porém, aparece mais fortemente a ideia de que o desenvolvimento econômico é requisito para a democracia liberal moderna e seus elementos socioculturais. Desse modo, ao longo desses vinte anos, haveria um debate sobre a precedência lógica e/ou histórica de um e de outro. Depois, mais no fim do período, teríamos uma inflexão ainda mais forte: afirmar-se-ia a desimportância relativa – ou não centralidade – da democracia, tida como menos relevante do que a estabilidade e a ordem. E, no fim dos fins, chega-se à afirmação da baixa funcionalidade, inoperância ou mesmo nocividade da democracia liberal. Nesta última vertente, a referência óbvia é Samuel Huntington, "revisor crítico" da teoria da modernização. A seu lado, o famoso estudo da Comissão Trilateral sobre a ingovernabilidade da democracia (sob a coordenação de Huntington, aliás) e as teorias neoconservadoras a respeito da crise, opondo legitimação política, por um lado, e acumulação de capitais, por outro.[19]

Com frequência, comentadores relacionam essa modulação com as mudanças observadas no "ambiente político" envolvente, sobretudo na organização da *pax* americana. Assim, a fase inicial de reformismo tímido, mas algo otimista, daria lugar a outra, mais conservadora, mais pessimista ou mais "realista", mais atenta, enfim, aos riscos de insurgências na periferia do sistema. Daí, os temas deslizam da democracia e das reformas iluministas para as irrupções das massas, os impulsos das lideranças políticas terceiro--mundistas, a desintegração, a instabilidade e o caos iminente, os *breakdowns* da modernização, para utilizar o termo de Eisenstadt, já

---

[19] O relatório da Comissão Trilateral foi editado como livro (CROZIER; HUNTINGTON; WATANUKI, 1975). Ver também de A "ingovernabilidade": sobre o renascimento das teorias conservadoras da crise (OFFE, 1984).

TEORIA DA MODERNIZAÇÃO 157

em 1964.²⁰ Donald O'Brien aponta essa mudança já no início da década de 1960, quando Lucien Pye substitui Gabriel Almond na direção do CCP-SSRC. Embora Almond seja constantemente mencionado como um *cold warrior*, é talvez em Pye que se nota, com maior clareza, essa evolução. Em 1961, por exemplo, já escrevia sobre *The army as a modern organization* para chegar à afirmação das *Armies as modernizing agents*, sobretudo naqueles países atrasados

> em que a organização e as estruturas essenciais ao governo democrático existem mas não têm conseguido funcionar efetivamente. O processo de modernização tem sido retardado a tal ponto que o Exército, como a mais modernizada Organização na sociedade, assumiu um papel administrativo e tomou o controle. Nesses casos, há um sentimento de fracasso no país e os militares são vistos como possíveis salvadores.²¹

Segundo o parecer de Gilman, a passagem do otimismo-reformador para o realismo-conservador reflete, também, além das avaliações relativas ao rumo e ao sucesso das reformas nos países atrasados, uma alteração de sentimentos com relação à própria sociedade norte-americana. Aliás, sublinha mais o segundo fenô-

---

[20] Está no ensaio em que Eisenstadt também registra essa evolução do otimismo para o pessimismo, no que diz respeito ao rumo desse processo. Cf. a edição brasileira (EISENSTADT, 1968).
[21] O artigo de Lucian W. Pye W., Armies in the process of political modernization, foi publicado originalmente em 1961, em *Archives européennes de sociologie*, e reimpresso na referida coletânea de Eisenstadt – *Political development and social change*. A passagem acima está na p. 385. Destaque-se que o texto foi apresentado em importante conferência patrocinada pela Rand Corporation, em Santa Monica, em agosto de 1959, sobre o papel dos militares nos países subdesenvolvidos. Os *papers* centrais dessa conferência foram fornecidos exatamente por Shils e Pye.

meno: "Esta mudança ocorreu primariamente em referência à modernidade da sociedade americana e apenas secundariamente pelo visível sucesso ou fracasso da modernidade pós-colonial" (Gilman, 2003, p.13).

Assim, a dúvida sobre a sua própria "modernidade" conduziria os norte-americanos à incerteza, também, sobre a desejabilidade e/ou possibilidade de modernizar o restante do mundo. Já mencionamos a referência retrospectiva de David Riesman, em 1970: examinando o momento em que escrevera *A multidão solitária* (final dos anos 1940, publicação em 1950), chega à conclusão de que essa mudança de humor e confiança era visível na sociedade norte-americana e entre seus intelectuais. Mas, se quisermos conectar esse sinal com a afirmação anterior de Gilman, é importante lembrar que Riesman é autor do prefácio do famoso estudo de Daniel Lerner, clássico da teoria da modernização, sobre o Oriente Médio – *The passing of traditional society* (Lerner, 1958). Ora, o Prefácio parte, exatamente, da ideia de que: "Mr. Lerner shows that every encounter with another people is a confrontation with ourselves" (Lerner, 1958, p.13).

Segundo a análise de Gilman, nos albores mesmo da teoria da modernização, parecia haver, aqui e ali, uma espécie de impulso universalista, algo iluminista, uma crença na reconciliação ecumênica das diferentes ordens civilizacionais do globo. Mas era algo tênue, não seu principal traço – a linha mais forte residia (e iria residir, cada vez mais) na imposição de valores modernos a sociedades atrasadas, incapazes de caminhar pelos próprios pés até o destino que tinham e deveriam ter. Desse modo, diz Gilman, caminha-se cada vez mais para uma ideia que não é a de reconciliação e a convivência de diferentes, mas para a de integração (sobretudo econômica e geopolítica) de todas essas sociedades atrasadas no sistema capitalista mundial, na categoria de *junior members* (Gilman, 2003, p.15).

Parece pertinente a interpretação de Gilman sobre a mudança de acento da doutrina (o que, por outro lado, é reforçado pelos estudos anteriormente citados). Mas podemos ir além desse parecer: o ecumenismo é menos óbvio, *desde o início*. Lembremos que, ainda em 1961, em famoso artigo da *American Political Science Review*, Karl Deutsch celebrava o aspecto homogeneizante da modernização: "os países estão se tornando menos parecidos com a Etiópia e algo mais parecido com os Estados Unidos" (Deutsch, 1970). E a expectativa/esperança de homogeneização era visível em muitos dos "modernizadores" dos anos 1950. Lerner, no referido estudo sobre o Oriente Médio, não tem nenhuma dúvida:

> Quais são os aspectos ou grandes linhas de variação que pesam sobre elas? O tratamento das segundas ativou, por sua vez, a distinção entre sociedades relativamente modernizadas e relativamente modernizadas. (Levy Jr., 1966, p.795)

E mais:

> Do Ocidente veio o estímulo que minou a sociedade tradicional que operará eficientemente no mundo hoje. O Ocidente é ainda um modelo útil. O que o Ocidente é, nesse sentido, o Oriente Médio procura se tornar. (Lerner, 1958, p.47)

Edward Shils era ainda mais efusivo, em 1958:

> Nos novos Estados, "moderno" significa democrático e igualitário, científico, economicamente avançado e soberano. Estados "modernos" são "Estados de bem-estar social", proclamando o bem-estar de todas as pessoas e especialmente as classes mais baixas como sua principal preocupação. Estados "modernos" devem necessariamente ser Estados democráticos, no sentido de que não

apenas as pessoas são bem tratadas e protegidas por seus governantes, mas são também a fonte de inspiração e orientação desses governantes. Modernidade implica democracia, e a democracia nos novos Estados é, acima de tudo, igualitária. A modernidade, portanto, significa o destronamento dos ricos e dos tradicionalmente privilegiados de suas posições de influência proeminente. Envolve reforma agrária. Envolve imposto de renda acentuadamente progressivo. Envolve sufrágio universal. Modernidade envolve educação pública universal. Modernidade é científica.

A modernidade acredita que o progresso do país reside na tecnologia racional e, em última análise, no conhecimento científico. Nenhum país poderia ser moderno sem ser economicamente avançado ou progressista. Ser economicamente avançado significa ter uma economia baseada em tecnologia moderna, ser industrializado e ter alto padrão de vida. Tudo isso requer planejamento e o emprego de economistas e estatísticos que efetuem pesquisas para controlar as taxas de poupança e investimentos, a construção de novas fábricas, de estradas e portos, o desenvolvimento de estradas de ferro, planos de irrigação, produção de fertilizantes, pesquisa agrícola, florestal, de cerâmicas e de utilização de combustível. "Moderno" significa ser ocidental sem o ônus de seguir o Ocidente. É o modelo do Ocidente desligado, de certa forma, de sua origem e localização geográficas (Apud Gilman, 2003, p.1-2).

Ainda que mantendo algumas dessas entusiasmadas sentenças, Shils adere progressivamente ao "realismo", a uma expectativa menos abrangente quanto aos âmbitos da modernização "possível". Quando lemos seu *Political development in the new states*: alternative courses of political development, esses *alternative courses* incluem a democracia tutelada ou a oligarquia modernizadora, combinada com uma tecnocracia forte – "equally congenial to *any sort of modernizing regime regardless of wheter it* is democratic and liberal or oligarchical" (Shils, 1970, p.396, grifos nossos).

Deve-se a Samuel Huntington, provavelmente, a afirmação mais clara e ousada dessa revisão:

> Aumentos rápidos na mobilização e participação, os principais aspectos políticos da modernização, minam as instituições políticas. A modernização rápida, em suma, produz não o desenvolvimento político, mas a decadência política (Huntington, 1971).[22]

Em seu impulso inicial, os "modernizadores" contavam estar com a história de seu lado – tudo se passa como se, pela força das coisas, o mundo tendesse para a democracia liberal e para as economias de mercado. Uma "gravitação histórica" o conduziria a esse destino. Os modernizadores eram cruzados. E, em alguma medida, acreditavam em uma Providência. Mas essa crença não era mais tão forte na segunda metade do período que examinamos. O mundo já não parecia tão certo, e a doutrina tinha de ser revisada.

Já dissemos que, em seu nascedouro, a teoria da modernização parecia abraçar a ideia da democracia e dos valores da liberdade e da tolerância como um caminho para o desenvolvimento. Contudo, é bom destacar que essa não era a única vertente, nem é verdade que a segunda, o "realismo", tenha surgido apenas em meados dos anos 1960. Em 1954, um arguto livro do historiador David Potter – People of plenty: economic abundance and the american character (1954)[23] – já questionava a exportabilidade do

---

[22] Political development and political decay. World Politics, 17, n.3, 1965. Reeditado em Welch Jr., 1971.
[23] Editado no Brasil como A riqueza econômica e seus efeitos (POTTER, 1965).

"excepcionalismo" norte-americano. Para ele, a inclinação (peculiar) dos Estados Unidos para a democracia resultava de sua riqueza única. Segundo seu parecer, a missão norte-americana poderia ser redefinida – não a exportação da democracia, mas a exportação de sua precondição, a abundância. E asseverava (sublinho, ainda uma vez, que este livro é de 1954): "Nenhuma outra faceta da atividade americana constituiu um fracasso tão consistente e completo quanto a nossa tentativa de exportar a democracia" (Potter, 1965, p.127).

Anos mais tarde, já no momento da viragem de humor a que vimos nos referindo, Lipset lembrava, logo no título de um de seus mais famosos livros, que os Estados Unidos eram *the first new nation*.[24] Não apenas a *primeira*, contudo. Sua experiência parecia conter algo de único, de excepcional: sempre tinham sido modernos.[25] E Lipset estabelecia o que via como correlação essencial nesse processo: níveis de renda e grau de práticas democráticas. O melhor caminho para promover a democracia, deduzia-se, era promover o crescimento econômico, a riqueza era pré-requisito para uma democracia estável. Se a democracia era uma espécie de variável dependente, estava aí uma brecha para, eventualmente, apoiar regimes não democráticos mas desenvolvimentistas.

---

[24] O livro *The first new nation*: the United States in historical and comparative perspective (1963) foi editado no Brasil como *A sociedade americana*: uma análise histórica e comparada (LIPSET, 1966).

[25] Cabe recordar que essa era uma sentença relevante também no estudo coordenado por Max Millikan, diretor de um dos mais importantes centros de estudos do campo (o CIS, criado em 1952, no MIT): "os americanos foram pouco influenciados pela experiência ligada à transição. Pertencem a uma sociedade que foi suficientemente *afortunada* para 'nascer livre'; uma sociedade que não teve de lutar contra o peso de atitudes, valores e instituições que fazem parte das sociedades tradicionalistas". Esse estudo do CIS – *The emerging nations*, 1961, foi editado no Brasil. (MILLIKAN; BLACKMER, 1963)

Temos aqui duas trajetórias paralelas: as ideias sobre a modernização dos subdesenvolvidos e as crenças sobre a natureza e as propensões da sociedade norte-americana.

Nas últimas décadas do século, nas instituições multilaterais ou em *think tanks* com elas conectados, novos modernizadores, também cruzados de reformas de autoproclamada inevitabilidade e benevolência, redesenharam essa dupla trajetória. Gilman diz que o caminho seguido pela teoria da modernização simbolizava a tragédia do liberalismo norte-americano. É discutível que, de fato, as coisas se passem, na história, duas vezes: a primeira como tragédia, a segunda como farsa. Mas, farsa ou tragédia, parece intrigante notar a sucessão de "gerações" de reformas dos novos apóstolos da modernidade. Parece tentador pensá-las como parte desse grande romance liberal.

A referência à segunda geração de modernizadores tem permanecido em nossa discussão como constante pano de fundo ou "sombra organizadora" da análise retrospectiva. Nas duas últimas décadas do século XX, os novos apóstolos da modernidade também experimentaram uma evolução de humor. Enquanto na primeira fase (sobretudo nos anos 1980) pareciam mostrar confiança nos poderes reorganizadores da globalização e dos mercados livres, na segunda fase (anos 1990), uma névoa de pessimismo e dúvida atingia até mesmo os intelectuais vinculados a agências multilaterais "modernizadoras", como o Banco Mundial.

Desse modo, Joseph Stiglitz – nada menos do que o economista-chefe e vice-presidente do Banco Mundial – aponta para os malefícios da globalização[26] e os efeitos inesperados e indesejados dos planos de ajuste estrutural aplicados aos países do Terceiro

---

[26] A referência, óbvia e central, mas longe de ser única, é seu livro *A globalização e seus malefícios*: a promessa não cumprida de benefícios globais. (STIGLITZ, 2002

Mundo. Por sua vez, Dani Rodrik,[27] consultor do Banco, ainda que declare sua crença no caráter inevitável e em geral benéfico da globalização, destaca, simultaneamente, os limites e obstáculos que decorrem de sua própria natureza ou, por vezes, de sua insuficiente gerência. Argumenta que os efeitos destruidores--criadores da globalização geram, no interior dos países e no espaço internacional, efeitos desagregadores que se transformam em fulcros de resistência e, eventualmente, em nódulos de implosão sistêmica. Aponta como, ao longo da história capitalista, a instância política, encarnada nos Estados nacionais, teria sido reguladora dessas mudanças tecnoeconômicas, adotando medidas de compensação para perdedores. Assim, as sociedades teriam aprendido a administrar transições de modo que as viabilizasse com o mínimo de custo social e contestação política. Em contrapartida, Rodrik denuncia que essa instância mediadora é cada vez mais enfraquecida ou imobilizada pela nova configuração de poder e pela nova ordem econômica – estados nacionais são cada vez menos habilitados a adotar políticas compensatórias, reguladoras da mudança, pela imposição política ou pela silenciosa, mas poderosa, imposição dos mercados, portadores de vetos implacáveis. E adverte: na ausência de uma dimensão sociopolítica internacional, os efeitos perversos da globalização podem ser traduzidos em resistências, não necessariamente racionais, e, eventualmente, até mesmo naquilo que chamamos de polos de implosão sistêmica (geração de "inimigos externos" que, de fato, não são rigorosamente exógenos).

---

[27] Resumimos aqui um argumento repetido à saciedade por Rodrik. Podemos encontrá-lo no livro *Has globalization gone too far?* (RODRIK, 1997) e em vários artigos disponíveis em seu sítio eletrônico (listados na Bibliografia).

Conforme dissemos antes, essa trajetória da segunda geração de modernizadores é, em grande medida, uma sombra organizadora do exame, seletivo, interessado, que fazemos da primeira geração. Por isso, em grande medida, nossa tentativa de reconstruir os impasses da teoria da modernização é mais do que um ensaio de história das ideias. Ou, se quisermos voltar à recomendação de Keynes, em seu *O fim do laissez-faire*, é "uma preliminar necessária para a emancipação do espírito". Um exercício que ajuda a pensar o presente e a tornar menos provinciana a reflexão. O recorte que fazemos no passado, como sabemos todos, é sempre seletivo. No caso deste trabalho, o viés é deliberado e insistentemente sublinhado: a segunda geração de modernizadores – os cruzados da globalização neoliberal – é a sombra organizadora do exame interessado que fazemos de seus ancestrais.

Apêndice (Cenários do pós-guerra) – Tabelas

Tabela 3.4 Minerais: importação líquida comparada com o consumo

Período	Importações líquidas como porcentagem do consumo
1900-1909	–1,5
1910-1919	–3,1
1920-1929	0,7
1930-1939	0,6
1940 a 1944	5,3
1945 a 1949	5,5
1950 a 1959	12,8
1961	14

Todos os minerais, menos o ouro
Sinal de menos = exportações maiores que importações

Tabela adaptada de Magdoff, 1969-78, p.51, Aqui, e nas tabelas seguintes, deixamos de referir as fontes primárias dos dados, detalhadamente explicadas por Magdoff e Kolko.

Tabela 3.5 Minerais selecionados: importações líquidas como porcentagem da produção doméstica de poços ou minérios

	1937-39 média (%)	1966 %
Ferro	3	43
Cobre	–13	18
Chumbo	0	131
Zinco	7	140
Bauxita	113	638
Petróleo	–4	31

Reproduzida de Magdoff, 1969-78, p.52.

TEORIA DA MODERNIZAÇÃO 167

Tabela 3.6 Materiais críticos empregados no motor a jato

	Libras empregadas nos motores a jato (1)	Importação quanto à porcentagem do consumo (2)	Onde esse material é produzido (3)
Tungstênio	80-100	24	Estados Unidos (30%) Coreia do Sul (19%) Canadá (12%) Austrália (8%) Bolívia (8%) Portugal (7%)
Colúmbio	10-12	100	Brasil (54%) Canadá (21%) Moçambique (18%)
Níquel	1,300-1,600	75	Canadá (71%) Nova Caledônia (20%)
Cromo	2,500-2,800	100	África do Sul (31%) Turquia (19%) Rodésia do Sul (19%) Filipinas (18%) Irã (5%)
Molibdênio	90-100	0	Estados Unidos (79%) Canadá (10%) Chile (9%)
Cobalto	30-40	100	Congo (Leopoldville) (60%) Marrocos (13%) Canadá (12%) Zâmbia (11%)

Reproduzida de Magdoff, 1969-78, p.57.

Tabela 3.7 Porcentagem de importação de algumas matérias--primas estratégicas – EUA 1930-60

	1926-30	1960
Ferro	5	32
Bauxita	64	98
Cobre	65	46
Chumbo	9	35
Zinco	4	60

Adaptada de Kolko, 1969, p.51.

Tabela 3.8 Participação dos países em desenvolvimento na produção de alguns minerais estratégicos – 1913 ou 1928 a 1965

	1913 ou 1928	1965
Ferro	3 (1913)	37
Petróleo	15 (1913)	65
Bauxita	21 (1928)	69

Nota: participação norte-americana na produção mundial de petróleo: 61% (1938) para 29% (1964).

Adaptada de Kolko, 1969, p.52.

TEORIA DA MODERNIZAÇÃO   169

Tabela 3.9 Futuras fontes de suprimentos para indústrias dos EUA e da Europa: em países e continentes instáveis

Ferro	Venezuela e mais três países "precários": 50% do que os EUA importam
Manganês	Mais da metade das reservas mundiais: Rússia, China A maior parte do restante: Brasil, Índia, Gabão, África do Sul
Cromo	Rodésia e África do Sul: quase todas as reservas
Níquel	Cuba, Caledônia: 50%
Tungstênio	China: 2/3
Cobre	Chile, Rodésia, Congo, Peru: mais de 2/3 reservas no estrangeiro
Bauxita	Guiana: 6 vezes as reservas dos EUA China: 3 vezes
Estanho	Malásia, Indonésia, Tailândia: 2/3 das reservas mundiais

Adaptada de Kolko, 1969, p.53.

Tabela 3.10 Exportações e vendas a partir de investimentos no exterior (milhões de dólares)

	Vendas de filiais no exterior			Exportações dos EUA		
	1957	1965	Aumento	1957	1965	Aumento
Papel e produtos afins	881	1820	939	223	389	166
Produtos químicos	2411	6851	4440	1457	2402	945
Produtos de borracha	968	1650	682	161	167	6
Metais	1548	3357	1809	1881	1735	−146
Maquinaria não elétrica	1903	5257	3354	3102	5158	2056
Maquinaria e equipamentos elétricos	2047	3946	1899	874	1661	787
Equipamentos de transporte	4228	10760	6532	1784	3196	1412

Reproduzida de Magdoff, 1969-78, p.63.

Tabela 3.11 Vendas de manufaturados no exterior pelas filiais externas das empresas dos Estados Unidos

	Porcentagens das vendas totais ao exterior			
	Canadá	América Latina	Europa	Outros
Vendas locais	81	93	77	92
Exportados para os EUA	11	2	1	2
Exportados para outros países	8	5	22	6
	100	100	100	100

Reproduzida de Magdoff, 1969-78, p.64.

Tabela 3.12 Manufaturas: vendas exteriores e domésticas (em bilhões de dólares)

(1)	(2)	(3)	(4)		(5)	
Ano	Exportação	Vendas de firmas dos EUA com base no exterior	Total de vendas no exterior		Vendas de manufaturas domésticas	
			Absoluto (2+3)	1950 = 100	Absoluto	1950 = 100
1950	$ 7,4	$ 8,4	$15,8	100	89,8	100
1955	12,6	13,9	26, 5	168	135	150
1960	16,1	23,6	39,7	251	164	183
1964	20,6	37,3	57,9	367	203	226

Reproduzida de Magdoff, 1969-78, p.202.

TEORIA DA MODERNIZAÇÃO 171

Tabela 3.13 Porcentagem do total do *output* atribuível a exportações e compras federais em 1958

Indústria fed.	Porcentagem de output		
	Para as export. (%)	Compras do gov. federal	Total das export + compras
Mineração de ferro e liga de ferro	13,5	12,8	26,3
Mineração de metais não ferrosos	9,1	35,6	44,7
Mineração de carvão	19,1	6,3	25,4
Material bélico e acessórios	1,7	86,7	88,4
Manufatura primária de ferro e aço	10,1	12,5	22,6
Manufatura primária de metais não ferrosos	10,1	22,3	32,4
Produtos de máquinas de parafusos	7,1	18,2	25,3
Outros produtos fabricados de metal	8,6	11,9	20,5
Motores e turbinas	14,8	19,7	34,5
Maquinaria e equipamento agrícola	10	2,9	12,9
Maquinaria de construção, mineração e para campos de petróleo	26,9	6,1	33
Maquinaria e equipamento para lidar com materiais	9,4	17,2	26,6
Maquinaria e equipamento para metais	14	20,6	34,6
Maquinaria e equipamentos para indústrias especiais	17,5	4,3	21,8
Maquinaria e equipamentos gerais de indústria	13,4	15,3	28,7
Produtos de oficina mecânica	7	39	46
Equipamento e aparelhamento industrial elétrico	9,8	17	26,8
Equipamento de iluminação elétrica e fios	5,5	14,5	20
Equipamento de rádio, TV e comunicações	4,8	40,7	45,5
Componentes e acessórios eletrônicos	7,6	38,9	46,5
Miscelânea: maquinaria elétrica, equipamento e acessórios	8,9	15,1	24
Aviões e peças	6,1	86,7	92,8
Outros equipamentos de transporte (excluindo automóveis)	10,1	20,9	31
Equipamentos científicos e de controle	7,3	30,2	37,5

Reproduzida de Magdoff, 1969-78, p.211-212.

Tabela 3.14 Número de países fora dos EUA em que há filiais bancárias norte-americanas

	1918	1939	1950	1955	1960	1967
América Latina	10	11	10	10	13	22
Europa	5	3	4	4	4	10
África	0	0	0	3	1	3
Oriente Próximo	0	0	0	0	3	3
Extremo Oriente	0	6	7	6	8	12
Áreas de além-mar dos EUA ou territórios sob sua tutela	1	2	3	3	4	5
	16	22	24	26	33	55

Reproduzida de Magdoff, 1969-78, p.78.

Tabela 3.15 Atividades internacionais de bancos comerciais norte-americanos
Anos selecionados (dados monetários: em bilhões de dólares)

	1960	1970	1974
Número de bancos EUA com agências no exterior	8	79	129
Número total de agências no exterior	131	536	737
Ativos das agências no exterior	3.5	52,6	155
Ativos no exterior como porcentual do total de ativos	3.0	10,9	17,7

Extraído de Frieden, 1980.

Fonte: FRIEDEN, J. BACKMAN; E. BLOCH (Eds.). *Multinational Corporations, Trade, and the Dollar*, New York, 1974, p.4; Robert Z. Aliber. International Banking: Growth and Regulation. *Columbia Journal of World Business, winter 1975.*

Bibliografia

ADELMAN, Irma; PEPELASIS, Adamantios; MEARS, Leon. *Desenvolvimiento económico análises general y doce estudios de diferentes economias*. México: F. Trillas, 1964.

ADLER; CRAWFORD, 1991

AGARWALA, A. N.; SINGH, S. (Orgs.). *A economia do subdesenvolvimento*. Rio de Janeiro: Forense, 1969. (edição original: Oxford University Press, 1958)

ALEXANDER, Jeffrey C. *Las teorias sociologias desde la Segunda Guerra Mundial*: análisis multidimensional. Barcelona: Gedisa, 2000.

ALGER, Chadwick. Strengthening relations between NGOs and the UN system: towards a research agenda. *Global Society Journal of Interdisciplinary International Relations*, v.13, n. 4, oct. 1999.

ALMOND, Gabriel; COLEMAN, S. S. (Eds.). *A política das áreas em desenvolvimento*. Rio de Janeiro: Freitas Bastos, 1969.

_____.; VERBA, Sidney (Eds.). *The civic culture revisited*. New Park/London/New Delhi: Sage Publications, 1989.

_____. *The civic culture*. Princeton. New Jersey: Princeton University Press, 1963.

ARNDT, H. W. Economic development: a semantic history. *Economic Development and Cultural Change*. v. 29, n.3, abril, 1981

_____. *Economic development: the history of an idea.* Chicago: University of Chicago Press, 1987

ARRIGHI, G. *O longo século XX*: dinheiro, poder e as origens de nosso tempo. São Paulo: Editora da Unesp/Contraponto, 1996.

ASSMAN, Hugo. *A trilateral nova fase do capitalismo mundial.* Petrópolis: Vozes, 1979.

AVERITT, Robert. *The dual economy*: the dynamics of american industry structure. New York/London: W.W.Norton & Co, 1968.

BALDWIN, David A. *Economic development and american foreign policy.* Chicago: The University of Chicago Press, 1966.

BARAN, Paul A. *The political economy of growth. Monthly Review Press.* New York, 1957

_____. Economia política do subdesenvolvimento. In: AGARWALA, A. N.; SINGH, S. (Orgs.). *A economia do subdesenvolvimento.* Rio de Janeiro: Forense, 1969. p.83-98.

BARNET, Richard; MULLER, Ronald. *Global reach*: the power of the multinational corporations. New York: Simon and Schuster, 1974.

BATISTA JR., Paulo Nogueira. *A economia como ela é.* São Paulo: Boitempo, 2000.

BERGER, Suzanne. (Ed.). *Organizing interest in Western Europe*: pluralism, corporatism and the transformation of politics. Cambridge: Cambridge University Press, 1981.

_____.; DORE, Ronald (Eds.). *National diversity and global capitalism.* Ithaca and London: Cornell University Press, 1996.

BERLE, A.; GARDINER, Means. *A moderna sociedade anônima e a propriedade privada.* São Paulo: Nova Cultural, Coleção Economistas.

BILGIN, Pinar; MORTON, Adam David. Historicizing represtantions of "failed states": beyond the coldwar annexation of the social sciences? *Third World Quarterly*, v.23, n.1, 2002.

BINDER, Leonard. The natural history of development theory. *Comparative Studies in Society and History*, v.28, n.1, jan. 1986.

_____. et al. *Crises and sequences in political development.* Princeton, N.J.: Princeton University Press, 1971.

BLACK, Cyril E. *The dynamics of modernization*. New York: Harper & Row, 1966.

BLACK, Eugene. *A política do desenvolvimento econômico*. Rio de Janeiro: Fundo de Cultura, 1962.

BLOCK. Contradictions of self regulating markets. In: MENDEL, Marguerite; SALÉE, Daniel (Eds.). *The legacy of Karl Polanyi market, state and society at the end of the twentieth century*. London: MacMillan, 1991.

BLOCK, Fred. *Los orígenes del desorden económico internacional*. Mexico: Fondo de Cultura Económica, 1980.

BODENHEIRNER, Suzanne. The ideology of developmentalism. *Berkeley Journal of Sociology*, 95137, 1970.

BOYER, Robert Boyer; HOLLINGSWORTH, J. Rogers. Coordination of economic actors and social systems of production. In Boyer; HOLLINGSWORTH (Eds.). *Contemporary capitalism the embeddedness of institutions*. Local: Cambridge University Press, 1997.

BREIT, William; SPENCER, Rober W. (Eds.). *Lives of the laureates thirteen nobel economists*. Ma: MIT Press/Cambridge: MA, 1995.

BUCHANAN, James.; TOLLISON, R.D.; TULLOCK, G. *Toward a theory of the rent seeking society*. Texas: College Station/A&M Press, 1980.

BUCHANAN, J Norman S.; ELLIS, Howard S. *Approaches to economic development*. New York: The Twentyeth Century Fund, 1955.

BURKI, Shahid Javed; PERRY, Guillermo E. *Beyond the Washington consensus institutions matter*. Washington: The World Bank, 1998.

CASTRO, Luiza Carnicero de. *O desenvolvimento guiado por um elemento estrangeiro*: as relações entre o Banco Mundial e os países subdesenvolvidos. Dissertação de Mestrado em Ciência Política, Unicamp, 2004, p.13. Disponivel em: <http://libdigi.unicamp.br/document/?code=vtls000316334>.

CAVANAGH, John. Beyond Bretton Woods alternatives to the global economic order. London: Pluto Press/Institue for Policy Studies/ Transnational Institute, 1994.

CHANDLER JR., Alfred D. *Escala y diversificación la dinâmica del capitalismo industrial*. v.2. Local: Prensas Universitárias de Zaragoza, 1996.

CHESNAY, François. *A mundialização do capital*. São Paulo: Xamã, 1996.

CHIROT, Daniel. *Social change in the twentieth century*. New York/Chicago/Sfrancisco/Atlanta: Harcourt Brace Jovanovich, 1977.

CHOMSKY, Noam et al. *The cold war & the university*: toward an intellectual history of the postwar years. New York: New Press/W.W. Norton & Co., 1997.

CLARK, Colin. *Las condiciones del progreso económico*. Madrid: Alianza Editorial, 1980, 2v.

CLARKE, Gerard. NonGovernmental Organizations (NGOs) and politics in the developing world. *Political Studies*, XLVI1, Mar. 1998.

COASE, R. H. *La empresa, el mercado y la ley*. Madrid: Alianza Editorial, 1994.

COCKETT, Richard. *Thinking the unthinkable: think tanks and the economic* counterrevolution (1931-1983). London: Harper Collins Publishers, 1995.

COHEN, Benjamin J. Phoenix risen: the ressurrection of global finance. *World Politics*, v.48, n.2, Jan. 1996.

COLEMAN, William; PORTER, Tony. International institutions, globalization and democracy: assessing the challenges. *Global Society Journal of Interdisciplinary International Relations*, v.14, n.3, July. 2000.

COLLIER, David. Industrial modernization and political change: a Latin American perspective. *World Politics*, v.XXX, n.4, July. 1978.

CONNELL, R. W. Notes on american sociology and american power. In: GANS, Herbert (Ed.). Sociology in America. London/N. Park/N.Delhi: Sage Publications, 1990.

CORTELL, Andrew; DAVIS JR. James W. Understanding the domestic impact of international norms: a research agenda. *International Studies Review*, vol. 2, issue 1, Spring 2000.

COSTA PINTO, L. A.; BAZZANELLA, W. *Teoria do desenvolvimento*. Rio de Janeiro: Zahar, 1967.

COX, Robert. Civil society at the turn of the millenium: prospects for an alternative world order. *Review of International Studies*, n.1, Jan. 1999.

CROZIER, Michel; HUNTINGTON, Samuel; WATANUKI, Joji. *The crisis of democracy*: report on the governability of democracies to the trilateral commission. New York: University Press, 1975.

CUTRIGHT, Phillips. National political development: measurement and analysis. *American Sociologica Review*, v.28, n.2, April, 1963.

DAHL. *Dillemas of pluralist democracy autonomy vs. control*. New Have/London: Yale University Press, 1982.

HELD, David. Democracy and the global order from the modern state to cosmopolitan governance. London: Polity Press, 1995. DEUTSCH, Karl. Social mobilization and political development. In: Eisenstad, S. N. (Ed.). *Readings in social evolution and development*. Oxford: Pergamon Press, 1970.

EICHENGREEN, Barry. *A globalização do capital*: uma história do sistema monetário internacional. São Paulo: 34, 2000.

EISENSTADT, S. N. *Modernização e mudança social*. Belo Horizonte: Editora do Professor, 1968.

_____. *Modernização*: protesto e mudança. Modernização de sociedades tradicionais. Rio de Janeiro: Zahar, 1969.

_____. (Ed.) Readings in social evolution and development. Oxford: Pergamon Press, 1970.

ELLIS, H.; WALLICH, H. (Orgs.). *Desenvolvimento econômico para a América Latina*. Rio de Janeiro: Fundo de Cultura, 1961.

ENGERMAN, David et al. *Staging growth modernization, development, and the global cold war*. Amherst/Boston: University of Massachusetts Press, 2003.

ESCOBAR, Arturo. *Encountering development: the making and unmaking of the thir world*. Local: Pricenton University Press, 1995.

FINKLE, Jason L.; GABLE, Richard W. (Eds.). *Political development and social change*. New York/London/Sidney: John Wiley & Sons, 1978.

FOSTER CARTER, A. From Rostow to Gunder Frank: conflicting paradigms in the analysis of underdevelopment. *World Development*. v.4 n.3w, p.167-80, March. 1976.

FRIEDEN, Jeff. The trilateral comission: economcis and politics in the 1970s, In: SKLAR, Holly (Ed.). *Trilateralism the trilateral* commission and elite planning for world management. Boston: Sout End Press, 1980.

GALBRAITH, J. K. *O novo estado industrial*. São Paulo: Nova Cultural, 1984.

GAUCHON, Pascal; HAMON, Dominique; MAURAS, Annie. *La triade dans la nouvelle écnomie mondiale*.Paris: PUF, 1992.

GAYL, D. (Ed.). *The sociology of economic development a reader*. New York/London: Harper & Row, 1970.

GENDZIER, Irene L. *Managing political change ssocial scientists and the third world*. Boulder/London: Westviw Press, 1985.

GERMANI, Gino. Clases populares y democracia representativa en America Latina. In: COSTA PINTO, L. A.; BAZZAELLA, W. *Teoria do desenvolvimento*. Rio de Janeiro: Zahar, 1967.

GERSCHENKRON, Alexander. Economic backwardness in historical perspective. In: HOSELITZ, Bert. *The progress of underdeveloped areas*. Chicago: University Chicago Press, 1952.

GILLIS, M. et al., *Economics of development*. Norton, New York, 1992.

GILMAN, Nils. *Mandarins of the future modernization theory in cold war America*. Baltimore/London: Johns Hopkins University Press, 2003.

GILPIN, Robert. *Economia política das relações internacionais*. Brasilia: Editora Brasília, 2002.

_____. *The challenge of global capitalism*. New Jersey: Princeton University Press, 2000.

GLAZER, Nathan. *The limits of social policy*. Local: Harvard Univ. Press, 1988.

GOLDBLATT, David. At the limits of political possibility: the cosmopolitan democratic project. *New Left Review*, 225, Set./Out. 1997.

GOLDTHORPE, John H. (Ed.). *Order and conflict in contemporary capitalism*. Oxford: Clarendon Press, 1984.

GOODMAN, John B.; PAULY, Louis W. The obsolescence of capital controls? Economic management in an age of global markets. *World Politics*, v.46, n.1, Oct. 1993.

GOULET, Denis. Development: creator and destroyer of values. *World Development*, v.20, n.3, 1992.

GOUREVITCH, Peter. *Políticas estratégicas en tiempos difíciles* respusestas comparativas a las crises económicas internacionales. México: Fondo de Cultura Económica, 1993.

GRAY, John. *Endgames*: questions in late modern political thought. Cambridge UK: Polity Press, 1997.

_____. *Falso amanhecer*: os equívocos do capitalismo global. Rio de Janeiro: Record, 1999.

_____. *Beyond the new rigth*: markets, government and the common environment. London/New York: Routledge, 1993. GREIDER, William. The global marketplace: a closet dictator. In: NADER, R. et al. *The case against free trade*, San Francisco: Earth Island Press, 1993.

_____. *One world, ready or not the manic logic of global capitalism.* New York: Touchstone/Simon & Schuster, 1998.

GUSDORF, George. *La révolution galiléenne*. Paris : Payot, 1969.

HABERMAS, Jürgen. *L'espace public archéologie de la publicité comme dimension constitutive de la société bourgeouise.* Paris: Payot, 1978.

HAGOPIAN, Frances. Political development, revisited. *Comparative Political Studies*, 33 6/7, Aug./Sept. 2000.

HARRIS, Nigel. *The end of the third world*: newly industrializing countrzes and the decline of an ideology. Harmondsworth: Penguin, 1987.

HELLEINER, Eric. *States and the reemergence of global finance from Bretton Woords to the 1990s.* Ithaca/London: Cornell University Press, 1994.

HETTNE, Bjorn. *Development theory and the three worlds*: towards and international political economy of development. London: Longman, 1995.

HIGGINS, B. *Economic development.* Principles, problems and policies. New York: Norton, 1959.

HIRSCHMAN, Albert O. *A moral secreta do economista.* São Paulo: Editora da Unesp, 2003.

_____. *Autosubversão*: teorias consagradas em xeque. São Paulo: Companhia das Letras, 1996.

_____. *Essays in trespassing*: Economics to politics and beyond. Cambridge: Cambridge University Press, 1981.

_____. A economia política do desenvolvimento latinoamericano: sete exercícios de retrospecção. *Revista Brasileira de Ciências Sociais*, 13, fev. 1987.

HIRST; KHILNANI (Eds.). Reinventing democracy. *Political Quarterly*, ed. especial, Blackwell Publishers, 1996.

HIRST, Paul; THOMPSON, G. *Globalização em questão*. Petrópolis: Vozes, 1999.

_____. *From statism to pluralism democracy, civil society and global politics*. London: UCL Press, 1997.

_____. *Associative democracy*: new forms of economic and social governance. Amherst: University of Massachusetts Press, 1994.

HODGSON, Geoffrey M. Economics and institutions: a manifesto for a modern institutional economics. Philadelphia: University of Pensylvania Press, 1988.

HOLLINGSWORTH, Rogers J.; BOYER, Robert. From national embeddedness to spatial and institutional nestedness. In: HOLLINGSWORTH, Rogers J. ; BOYER, Robert. (Eds.). *Contemporary capitalism the embeddedness of institutions*. Cambridge: Cambridge University Press, 1997.

_____. Coordination of economic actors and social systems of production. In: HOLLINGSWORTH, Rogers J.; BOYER, Robert. (Eds.). *Contemporary capitalism the embeddedness of institutions*. Cambridge: University Press, 1997.

HOSELITZ, Bert. Aspectos sociológicos do crescimento econômico. Rio de Janeiro/São Paulo: Fundo de Cultura, 1964.

_____. (Ed.). *The progress of underdeveloped areas*. Chicago: University of Chicago Press, 1962.

_____. (Org.). *Teorias del crescimento economico*. México: Herrero Hermano, 1964.

_____. Principais conceitos da análise das repercussões da transformação técnica. In: HOSETLIZ, Bert; MOORE, Wilbert (Org.). *A sociedade tecnológica*: implicações sociais da industrialização com o advento de técnicas modernas. Rio de Janeiro: Lidador, 1966.

_____. MOORE, Wilbert (Orgs.). A sociedade tecnológica: implicações sociais da industrialização com o advento de técnicas modernas. v.2, Rio de Janeiro: Lidador, 1966.

_____. *The progress of underdeveloped areas*. Chicago: University Chicago Press, 1952.

HUNTINGTON, Samuel P. Political development and political decay. *World Politics* 17, n.3. Reeditado In: WELCH JR., Claude (Ed.). Political modernization: a reader in comparative political change. Belmont (Califórnia): Wadsworth Publishing Co., 1971.

_____. *A ordem política nas sociedades em mudança*. Rio de Janeiro: Forense Universitária, 1975.

INKELES, Alex. Making men modern: on the causes and consequences of individual change in six developing countries. *American Journal of Sociology*, v.75, n.2, sept. 1969.

_____. A modernização do homem. In: WEINER, Myron (Ed.). Dinâmica do desenvolvimento econômico. Rio de Janeiro: Forum, 1969.

_____. *Tornando-se moderno*: as transformações individuais ocorridas em seis países em desenvolvimento. Brasília: Universidade de Brasilia, 1981.

KAY, C. *Latin American theories of development and underdevelopment*. London: Routledgev, 1989.

KENDRICK, John W. The historical development of national income accounts. *History of Political Economy*, v.2, n.2, 1970.

KESSELMAN, Mark. Order or movement? The literature of political development as ideology. *World Politics* 26, n.1, 1973.

KEYNES, John Maynard. National selfsufficiency. *Collected Writings of J. M. K*. Londres: Cambridge University Press, vol. XXI. p.233-246, 1982.

_____. Teoria geral do emprego, do juro e do dinheiro. São Paulo: Abril, 1983.

KINDLEBERGER, Charles P. Desenvolvimento econômico. São Paulo: McGrawHill, 1976.

KITSCHELT, H. et al. (Eds.). *Continuity and change in contemporary capitalism*. Local: Cambridge University press, 1999.

KOLKO, Gabriel. *The roots of American foreign policy an analyse of power and purpose.* Boston: Beacon Press, 1969.

KRUEGER, Anne. The political economy of the rent seeking society, American Economic Review, LOCAL, n.64, June, 1974. Reeditado In: BUCHANAN, J.; TOLLISON, R.D.; TULLOCK, G. *Toward a theory of the rent seeking society.* Texas: College Station/A&M Press, 1980.

_____. *Political economy of policy reform in developing countries.* Massachusetts Institute of Technology, 1993.

KRUGMAN, Paul; MARUICE Obstfeld. *Economia internacional:* teoria e política. São Paulo: Makron Books, 2001.

KUZNETS, Simon. *Aspectos quantitativos do desenvolvimento econômico.* São Paulo: Forense, 1970.

_____. Os países subdesenvolvidos e a fase pré-industrial nos países avançados: uma tentativa de comparação. In: AGARWALA, A. N.; SINGH, S. (Orgs.). *A economia do subdesenvolvimento.* Rio de Janeiro: Forense, 1969.

LANDAUER, Carl. *Sistemas econômicos contemporâneos.* Rio de Janeiro: Zahar, 1966.

LAPALOMBARA, Joseph (Org.). Burocracia y desarrollo politico. Buenos Aires: Paidos, 1973.

LASH, Scott; URRY, John. The end of organized capitalism. Cambridge UK/Oxford UK: Polity Press/Basil Blackwell, 1987.

LATHAM, Michael E. *Modernization as ideology american social science and "nation building" in the Kennedy era.* Chapel Hill: University of North Carolina Press, 2000.

LAZONICK, William. *Business organization and the myth of the market economy.* Local: Cambridge University Press, 1991.

LECHENER, Noberto. Tres formas de coordinación social. *Revista de la Cepal,* abr. 1997.

LEIBENSTEIN, Harvey. *Economic backwardness and economic growth.* New York: Wiley, 1957.

LERNER, Daniel. *The passing of traditional society modernizinf the Middle East.* New York: The Free Press, 1958.

LEVY JR.; MARION J. *Modernization*: latecomers and survivors. New York/London: Basic Books, 1972..

_____. *Modernization and the structure of societies*: a setting for international affairs. Princeton, N.J.: Princeton University Press, 1966.

LEWIS, W. A. O desenvolvimento econômico com oferta ilimitada de mão de obra. In: AGARWALA, A. N.; SINGH, S. (Eds.). *A economia do subdesenvolvimento*. Rio de Janeiro: Forense, 1969.

_____. *A teoria do desenvolvimento econômico*. Rio de Janeiro: Zahar, 1960.

LEYS, Colin. *The rise & fall of development theory*. Bloomington: Indiana University Press, 1996.

LINCH, Marc. Globalization and international democracy. *International Studies Review*, v.2, issue 3, Fall. 2000.

LIPSET, Seymour M. *A sociedade americana*: uma análise histórica e comparada. Rio de Janeiro: Zahar, 1966.

_____. Some social requisites of democracy: economic development and political legitimacy. 69105. *American Political Science Review*, 53, n.1, 1959.

LOWI, Theodore J. *The end of liberalism ideology, policy, and the crisis of public authority*. New York: W.W. Norton & Co., 1969.

MACMILLAN, Harold. An economic programme for conservatives. In: The middle way. London, 1938.

_____. An economic programme for conservatives. In: BUCK, Phillip (Ed.). *How conservatives think*. Harmondsworth: Penguin Books, 1975

_____. An economic programme for conservatives. (The Middle Way, London, 1938). In: BUCK, Phillip (Ed.). How conservatives think; Harmondsworth: Penguin Books, 1975.

MAGDOFF, Harry. *A era do imperialismo*: a economia da política externa dos Estados Unidos. São Paulo: Hucitec, 1978.

_____. O impacto da política externa americana sobre os países subdesenvolvidos. In: *Imperialismo da era colonial ao presente*. Rio de Janeiro: Zahar, 1979.

MANDEL, Ernest. *Ensayos sobre el neocapitalismo*. México: Era, 1969.

MARSHALL, T. H.. *Social policy in the twentyeth century*. London: Hutchinson, 1965.

_____. *Citizenship and Social Class*. London: Cambridge University Press, 1950.

MCCLELLAND, David C. O impulso para a modernização. In: WEINER, Myron (Ed.). *Dinâmica do desenvolvimento econômico*. Rio de Janeiro: Forum, 1969.

_____ O incentivo do êxito pessoal e seu papel no crescimento econômico. In: HOSETLIZ, Bert; MOORE, Wilbert (Orgs.). *A sociedade tecnológica*: implicações sociais da industrialização com o advento de técnicas modernas. Rio de Janeiro: Lidador, 1966.

_____. *The achieving society*. New York: Free Press, 1961.

MEHMET, O. *Westernizing the third world*. The eurocentricity of economic development theorles. London: Routledgef, 1995.

MEHTA, Uday S. Liberal strategies of exclusion. *Politcs & Society*, v.18, n.4, Dec. 1990.

MEIER, G. M. (Ed.). *From classical economics to development economics*. Londres: MacMillan, Londres, 1994.

_____. (Ed.). *Pioneers in development*. Second series, Washington: The World Bank, 1987.

_____; BALDWIN, R. E. *Desenvolvimento econômico*: teoria, história, política, São Paulo: Mestre Jou, 1968.

_____; SEERS, D. *Pioneers in development*. New York: Oxford University Press, 1984.

_____. (Ed.). *Leading issues in economic development*. New York: Oxford University Press, 1976.

MILL, John Stuart. *Princípios de economia política*. São Paulo: Abril Cultural, l983.

MILLIKAN, Max; BLACKMER, Donald (Eds.). *Nações em desenvolvimento*: a sua evolução e a política americana. Rio de Janeiro: Fundo de Cultura, 1963.

_____.; ROSTOW, W. W. *A proposal key to an effective foreign policy*. New York: Harper and Brothers, 1957.

MOORE JR., Barrington. *Reflexões sobre as causas da miséria humana e sobre certos propósitos para eliminá-las*. Rio de Janeiro: Zahar, 1974.

MOORE, Wilbert. A reconsideration of theories of social change. In: EISENSTAD, S. N. (Ed.) *Readings in social evolution and development*. Oxford: Pergamon Press, 1970.

_____. *O impacto da indústria*: modernização de sociedades tradicionais. Rio de Janeiro: Zahar, 1968.

MORAES, Reginaldo C. Esfera pública e interesses privados: nota sobre o Estado, o mercado e as corporações. *Ideias*, São Paulo, v.5, n.6, 1999.

_____. Globalização: vida, paixão e morte do Estado nacional? *Educação e Sociedade*, v.25, n.87, p.2204.

MUNCH, Richard. Talkcott Parsons and the theory of action: the structure of the kantian core". In: HAMILTON, Peter (Org.). *Talcott Parsons critical assssments*, 199, v.III, p.4773. London/ New York: Routledge.

MURRAY, Charles. *Losing ground*: american social policy, 1950-1980. New York: Basic Books, 1984.

MYINT, Hla. Uma interpretação do atraso econômico. In: AGARWALA, A. N.; SINGH, S. (Orgs.). *A economia do subdesenvolvimento*. Rio de Janeiro: Forense, 1969.

MYRDAL, Gunnar. *Une économie internationale*. Paris: PUF, 1958.

_____. *Aspectos políticos da teoria econômica*. Rio de Janeiro: Zahar, 1962.

NASH, George. *The conservative intellectual movement in America*. Wilmington/Delaware:Intercollegiate Studies Institute, 1996.

NEIBURG, Federico. *Los intelectuales y la iInvención del peronismo*. Madrid: Alianza, 1998.

NIELSEN, Jens Kaalhauge. The political orientation of Talcott Parsos: the Second World War and its aftermath. In: ROLAND, Robertson.; TURNER, Bryan S. (Eds.). *Talcott Parsons*: theorist of modernity. London/New Park/New Delhi: Sage Publications, 1991.

NURKSE, Ragnar. A formação de capital em países subdesenvolvidos. *Revista Brasileira de Economia*, ano 5, n.4, dez. 1951.

_____. Alguns aspectos internacionais do desenvolvimento econômico. AGARWALA, A. N.; SINGH, S. (Orgs.). *A economia do subdesenvolvimento*. Rio de Janeiro: Forense, 1969.

O' BRIEN. Donal Cruise. Modernization, order, and the erosion of a democratic ideal: american political science 1960-70. *The Journal of Development Studies*, v.8, n.4, July, 1972.

O'CONNOR, James. *The fiscal crisis of the state*. Local: St. Martin's Press, 1973.

OFFE, Claus. Democracia partidária competitiva e o welfare state keynesiano: fatores de estabilidade e desorganização. In: _____. *Problemas estruturais do Estado capitalista*. Rio de Janeiro: Tempo Brasileiro, 1984.

_____. A ingovernabilidade: sobre o renascimento das teorias conservadoras da crise (1979). In: OFFE, C. *Problemas estruturais do Estado capitalista*. Rio de Janeiro: Tempo Universitário, 1984.

_____. Capitalismo desorganizado: transformações contemporâneas do trabalho e da política. São Paulo: Brasiliense, 1989.

_____. El corporativismo como um sistema de estructuracion global, no político, de la sociedade? *Revista de Trabajo*, Col. La gestión política, Madrid, Ministerio de Trabajo y Seguridad Social, 1992.

ONU (Secretariado). Relações de troca pós-guerra entre países subdesenvolvidos e países industrializados. *Revista Brasileira de Economia*, ano 3, n.3, Set, 1949.

ORLEAN, André. (Ed.). *Analyse économique des conventions*. Paris: PUF, 1994.

_____. *Le pouvoir de la finance*. Paris: Éditions Odile Jacob, 1999, Paris.

PACKENHAM, Robert A. Liberal America and the Third World: political development ideas. *Foreigeun Aid and Social Science*. Princeton. New Jersey: Princeton University Press.

PARSONS, Talcott. *Sociedades perspectivas evolutivas e comparativas*. São Paulo: Pioneira, 1969.

_____.; SHILS, Edward A. (Eds.). *Toward a general theory of action*. Local: Cambridge/Harvard University Press, 1961.

_____. *The structure of social action*. New York: McGrawHill, 1937.

PAULA E SILVA, Maitá. *Estado e corporações nos EUA da era progressiva*: um estudo exploratório. Dissertação de mestrado em Ciência Politica, IFCH/Unicamp, 2004, cap. 2.

PIRENNE, Henri. The stages in the social history of capitalism. (1914). In: BENDIX, R.; LIPSET, S.M. (Eds.). *Class, status and power*. Glencoe: Free Press, 1961.

PLETSCH, C. The three worlds, or the division of social scientific labor, c. 19501975. In: Corbridge Stuart (Ed.). *Development critical concepts in the social sciences*. v.I, London/New York: Routledge.

POTTER, David M. *A riqueza econômica e os seus efeitos*. Rio de Janeiro: Fundo de Cultura, 1965.

PYE, Lucian W. (Org.). *Comunicações e desenvolvimento político*. Rio de Janeiro: Zahar, 1967.

PRESIDENT'S MATERIALS POLICY COMMISSION. *Resources for Freedon*, 1952.

_____. *Politics, personality, and nation building*: Burma's search for identity. New Haven/London: Yale University Press, 1962.

_____.; VERBA, Sidney (Eds.). Political culture and political development. Local: Princeton University Press, 1965.

RIESMAN, David; GLAZER, Nathan; DENNEY, Reuel. *A multidão solitária*: um estudo da mudança do caráter americano. São Paulo: Perspectiva, 1971.

RIST, Gilbert. The history of development from western origins to global faith. London/New York: Zed Books, 1997.

Robert Gilpin. *The challenge of global capitalism*. New Jersey: Princeton University Press, 2000.

RODRIK, Dani. Has globalization gone too far?. Washington, DC: Institute for International Economics, mar. 1997.

_____. Development strategies for the next century. Harvard University, fev. 2000. Disponível em <http://ksghome.harvard.edu/~.drodrik.academic.ksg/papers.html.>.

_____. Five simple principles for world trade, 22 nov. 1999. Disponível em: http://ksghome.harvard.edu/~.drodrik.academic.ksg/papers.html.

_____. How far will international economic integration go? Revisado em 1 set. 1999. Disponível em: <http://ksghome.harvard.edu/~.drodrik.academic.ksg/papers.html>.

_____. Institutions, integration, and geography: in search of the deep determinants of economic growth, fev. 2002. Disponível em: http://ksghome.harvard.edu/~.drodrik.academic.ksg/papers.html.

_____. Trade policy reform as institutional reform. Harvard University, ago. 2000. Disponível em: http://ksghome.harvard.edu/~.drodrik.academic.ksg/papers.html.

ROSENAU, James N. Governance in a new global order. In: HELD, David; Mcgrew, Anthony. *Governing globalitzation power, authority and global governance, polity*. London: CambridgeUK, 2003.

ROSENSTEIN-RODAN, P.N. Notas sobre a teoria do grande impulse. In: ELLIS, H.; WALLICH, H. Desenvolvimento econômico para a América Latina. Rio de Janeiro: Fundo de Cultura, 1961.

_____. Problemas de industrialização da Europa Oriental e Sul Oriental. In: AGARWALA, A. N.; SINGH, S. (Orgs.). *A economia do subdesenvolvimento*. Rio de Janeiro: Forense, 1969.

ROSTOW, W. W. A decolagem para o desenvolvimento autosustentado. In: AGARWALA, A. N. e SINGH, S. (Orgs.). *A economia do subdesenvolvimento*. Rio de Janeiro: Forense, 1969.

_____. *Etapas do desenvolvimento econômico* (um manifesto não comunista). Rio de Janeiro: Zahar, 1961.

RUGGIE, John G. Embedded liberalism revisited: institutions and progress in international economic relations. In: ADLER, Emmanuel; CRAWFORD, Beverly (Eds.). Progress in Postwar International Relations. Local: Columbia University Press, 1991.

_____. International regimes: transactions and change: embedded liberalism in the postwar economic order. In: Stephen Krasner (Ed.). International Regimes. Local: Cornell University Press, 1983.

SAMUELSON. *Introdução à análise econômica*, de Paul Samuelson.

SAUVY. Alfred. Trois mondes, une planète. *L'Observateur*, n.118, p.14, 14 ago. 1952. Disponível em: http://www.hommemoderne.org/ societe/demo/sauvy/3mondes.html.

SAWER, Marian. *Marxism and the question of the asiatic mode of production*. The Hague, Martinus Nighoff, 1977.

SEERS, Dudley. Os limites do caso especial (publicado pela primeira vez no Boletim do Oxford Institut of Economics and Statistics, da Universidade de Oxford, edição de Basil Blackwell Publisher (n.25, 2 maio de 1963) Trad. Paula Lima e Artur J. Castro Neves, *Revista de História & Ideias*, Porto: Afrontamento, 1978, n.II.

SHILS, Edward. Political development in the new states: the will to be modern. In: EISENSTAD, S. N. (Ed.) Readings in social evolution and development. Oxford: Pergamon Press, 1970 (a).

_____. Political development in the new states: alternative courses of political development. In: EISENSTAD, S. N. (Ed.) *Readings in social evolution and development*. Oxford: Pergamon Press, 1970(b).

SHONFIELD, Andrew. *Modern Capitalism the changing balance of public and private power*. Local: Oxford University Press, 1965.

SKIDELSKY, Robert (Ed.). *The end of the keynesian era*. London: MacMillan, 1978

SKLAR, Holly. (Ed.). *Trilateralism the trilateral commission and elite planning for world management*. Boston: Sout End Press, 1980.

SMITH, James Allen. *The idea brokers*: think tanks and the rise of tye new policy elite. New York/Toronto: The Free Press/Macmillan, 1991.

SMITH, Tony. The underdevelopment of development literature. *World Politics* 31, n.2, 1979.

_____. Requiem or new agenda for third world studies. *World Politics* 537, July, 1985.

STEPHANSON, Anders. *Manifest destiny American expansion and the empire of rigth*. New York: Hill and Wang, 1996.

STIGLITZ, Joseph E. Mas instrumentos y metas mas amplias para el desarrollo. *Desarrollo Económico*, v.38, n.151, p.691722. Oct./dec. 1998.

_____. O que eu aprendi com a crise mundial. *Folha de S. Paulo*, 15 de abril de 2000. (artigo publicado originalmente em "The New Republic").

_____. O pós-consenso de Washington. *Folha de S. Paulo*, 12 de julho de 1998. Caderno Mais!

_____. Participation and development: perspectives from the comprehensive development paradigm. Remarks at the International Conference on Democracy, Market Economy and Development. Seoul, Korea, February 27, 1999. Disponível em: <http: www.worldbank.org>.

STRANGE, Susan. *Mad money*: when markets outgrow governments. Michigan: The University of Michigan Press, 1998.

STREETEN, Paul. Development dichotomies. *World develoment*, v.11, n.10, Oct, 1983.

_____. Free and managed trade. In: Suzanne Berger and Ronald Dore, *National diversity and global capitalism*. Ithaca/London: Cornell University Press, 1996.

TAYLOR, Lance Taylor e John Eatwell. *Global finance at risk*: the case for international regulation. New York: The New Press, 2000.

TEULLON, F. *La nouvelle économie mondiale*. Paris: PUF, 1993.

TIPPS, Dean. Modernization theory and the comparative study of societies: a critical perspective. *Comparative Studies in Society and History*, v.15, n.2, March, 1973, p.208-9.

UNITED NATIONS Department of Economic Affairs. Measures for the economic development of underdeveloped countries report by a group of experts appointed by the Secretary General of the United Nations Department of Economic Affairs. New York, May, 1951.

USA. Point four: cooperative program for aid in the development of economically underdeveloped areas. Department of State, Division of publications, Washington, D.C., 1950 (january).

VALENZUELA, Samuel and Arturo Valetizuela. Modernization and Dependency. *Comparative Politics*, jul. 1978.

VERNON, Raimond. *Sovereignty at bay*: the multinational spread of U.S. enterprises. New York: Basic Books, 1971.

WADE, Robert. Globalization and its limits: reports of the death of the national economy are greatly exaggerated. In: BERGER, Suzanne; DORE, Ronald (Eds.). National diversity and global capitalism. Ithaca/London, Cornell University Pres,s 1996.

WEINER, Myron; HUNTINGTON, S. (Eds.). Understanding political development. Boston: Little, Brown and Co., 1987.

WEISS, Linda. Globalization and the myth of the powerless state. *New Left Review*, 1998.

WILLIAMS, David; YOUNG, Tom. Governance: the World Bank and liberal theory. *Political Studies*, XLIII, March, 1994.

WILLIAMSON, O. *Mercados y jerarquías: su análisis y sus implicaciones antitrust*. México: Fondo de Cultra Económica, 1991.

_____. *Las instituciones económicas del capitalismo*. México: Fondo de Cultura Económica, 1989.

_____.; WINTER, Sydney G. (Orgs.). *La naturaleza de la empresa orígenes, evolución y desarrollo*. México: Fondo de Cultura Económica, 1996.

ZÜRN, Michael. Democratic governance beyond the nationstate: the EU and other international institutions. *European Journal of International Relations*, v.6, n.2, jun. 2000.

SOBRE O LIVRO

Formato: 14 x 21 cm
Mancha: 23,5 x 42,5 paicas
Tipologia: Horley Old Style 10,5 x 15,5
Papel: Off-set 75 g/m² (miolo)
Cartão Supremo 250 g/m² (capa)
1ª *edição*: 2006
1ª *reimpressão*: 2012

EQUIPE DE REALIZAÇÃO

Edição de Texto
Regina Machado (Copidesque)
Claudia do Espírito Santo (Preparação de Original)
Marcelo Riqueti (Revisão)
Casa de Ideias (Atualização Ortográfica)

Editoração Eletrônica
Casa de Ideias (Diagramação)

Impressão e acabamento